AF502763

Cette edition quoi que dattée d'amsterdam a été imprimée a Paris chez la veuve alix en meme tems qu'une belle edition in 4°. de Boileau ~~que de~~ pour laquelle on souscrivoit chez lad^e veuve

Les gravures en vignettes sont de chedel

CONTES
DE LA
FONTAINE

CONTES ET NOUVELLES EN VERS,

PAR M. DE *LA FONTAINE*.

TOME PREMIER.

A AMSTERDAM.

M. DCC. XLIII.

(Réserve)
8° B.L. 11952

PREFACE
DE L'AUTEUR
Sur le premier Tome de ces Contes.

J'AVOIS résolu de ne consentir à l'impression de ces Contes qu'après que j'y pourrois joindre ceux de Bocace, qui sont le plus à mon goût ; mais quelques personnes m'ont conseillé de donner dès à present ce qui me reste de ces bagatelles, afin de ne pas laisser refroidir la curiosité de les voir qui est encore en son premier feu. Je me suis rendu à cet avis sans beaucoup de peine ; & j'ai crû pouvoir profiter de l'occasion. Non seulement cela m'est permis, mais ce seroit vanité à moi de mépriser un tel avantage. Il me suffit de ne pas vouloir qu'on impose en ma faveur à qui que ce soit ; & de suivre un chemin contraire à celui de certaines gens, qui ne s'acquierent des amis que pour s'acquerir des suffrages par leur moyen ; Créatures de la Cabale, bien différens de cet Espagnol qui se piquoit d'être fils de ses propres œuvres. Quoique j'aye autant de besoin de ces artifices que pas un autre, je ne sçaurois me résoudre à les employer : seulement je m'accommoderai, s'il m'est possible, au goût de mon siécle, instruit que je suis par ma propre expérience qu'il n'y a rien de plus nécessaire.

En effet, on ne peut pas dire que toutes ſaiſons ſoient favorables pour toutes ſortes de livres. Nous avons vû les Rondeaux, les Métamorphoſes, les Bouts-rimés régner tour à tour: Maintenant ces galanteries ſont hors de mode, & perſonne ne s'en ſoucie: tant il eſt certain que ce qui plaît en un tems, peut ne pas plaire en un autre. Il n'appartient qu'aux Ouvrages vraiment ſolides, & d'une ſouveraine beauté, d'être bien reçûs de tous les eſprits, & dans tous les ſiécles, ſans avoir d'autre paſſeport que le ſeul mérite dont ils ſont pleins. Comme les miens ſont fort éloignés d'un ſi haut degré de perfection, la prudence veut que je les garde en mon Cabinet, à moins que de bien prendre mon tems pour les en tirer. C'eſt ce que j'ai fait, ou que j'ai crû faire dans cette édition, où je n'ai ajoûté de nouveaux Contes, que parce qu'il m'a ſemblé qu'on étoit en train d'y prendre plaiſir. Il y en a que j'ai étendus, & d'autres que j'ai accourcis; ſeulement pour diverſifier & me rendre moins ennuyeux. Mais je m'amuſe à des choſes auſquelles on ne prendra peut-être pas gardes, tandis que j'ai lieu d'appréhender des objections bien plus importantes. On m'en peut faire deux principales: l'une que ce Livre eſt licentieux; l'autre qu'il n'épargne pas aſſez le beau ſexe. Quant à la premiere, je dis hardîment que la nature du Conte le vouloit ainſi; étant une loi indiſpenſable ſelon Horace, ou plûtôt ſelon la raiſon & le ſens commun, de ſe conformer aux choſes dont on écrit. Or qu'il ne m'ait été permis d'écrire de celles-ci, comme tant d'autres l'ont fait, & avec ſuccez, je ne crois pas qu'on le mette *en doute : & l'on ne me sçauroit condamner que l'on ne condamne aussi l'Arioste devant moi, & les Anciens devant l'Arioste. On me dira que j'eusse mieux fait de supprimer quelques circonstances, ou tout au moins de les déguiser. Il n'y avoit rien de plus facile ; mais cela auroit affoibli le Conte, & lui auroit ôté de sa grace. Tant de circonspection n'est nécessaire que dans les ouvrages qui promettent beaucoup de retenuë dès l'abord, ou par leur sujet, ou par la maniere dont on les traite. Je confesse qu'il faut garder en cela des bornes, & que les plus étroites sont les meilleures : Aussi faut-il m'avouer que trop de scrupule gâteroit tout. Qui voudroit réduire Bocace à la même pudeur que Virgile, ne feroit assurément rien qui vaille, & pécheroit contre les Loix & la bienséance en prenant à tâche de les observer. Car afin que l'on ne s'y trompe pas, en matiere de vers & de prose l'extrême pudeur & la bienséance sont deux choses bien différentes. Ciceron fait consister la derniere à dire ce qu'il est à propos qu'on dise, eu égard au lieu, au tems, & aux personnes qu'on entretient. Ce principe une fois posé, ce n'est pas une faute de jugement que d'entretenir les gens d'aujourd'hui de Contes un peu libres. Je ne péche pas non plus en cela contre la Morale. S'il y a quelque chose dans nos écrits qui puisse faire impression sur les ames, ce n'est nullement la gayeté de ces Contes ; elle passe legerement : je craindrois plûtôt une douce mélancolie, où les Romans les plus chastes & les plus modestes sont très-capables de nous plonger, & qui est une grande préparation pour l'amour. Quant à la seconde objection, par laquelle on me reproche que ce Livre fait tort aux femmes ; on auroit raiſon ſi je parlois ſérieuſement : Mais qui ne voit que ceci eſt jeu, & par conſéquent ne peut porter coup ? Il ne faut pas avoir peur que les mariages en ſoient à l'avenir moins fréquens, & les maris plus fort ſur leurs gardes. On me peut encore objecter que ces Contes ne ſont pas fondés, ou qu'ils ont partout un fondement aiſé à détruire ; enfin qu'il y a des abſurdités, & pas la moindre teinture de vraiſemblance. Je répons en peu de mots que j'ai mes garans : & puis ce n'eſt ni le vrai, ni le vraiſemblable, qui font la beauté & la grace de ces choſes-ci ; c'eſt ſeulement la maniere de les conter. Voilà les principaux points ſur quoi j'ai crû être obligé de me défendre. J'abandonne le reſte aux cenſeurs ; auſſi-bien ſeroit-ce une entrepriſe infinie que de prétendre répondre à tout. Jamais la Critique ne demeure court, ni ne manque de ſujets de s'exercer : Quand ceux que je puis prévoir lui ſeroient ôtés, elle en auroit bientôt trouvé d'autres.*

VIE

VIE de LA FONTAINE.

CETTE courte Vie de la Fontaine ſera dégagée des Contes populaires, ſinon faux, du moins inſipides, & même indécens, dont l'Hiſtoire des Hommes célébres n'eſt que trop ſouvent défigurée. Ne peut-on pas les caractériſer, ſans entrer dans des détails puérils, qui deshonorent également & le pinceau & le portrait. On ne dira donc ici de la perſonne de la Fontaine, que ce qu'on a cru vrai & digne d'être rapporté. L'éloge ſingulier, ou plûtôt la ſatyre en forme d'éloge, qu'on en trouve dans la continuation de l'Hiſtoire de l'Académie Françoiſe par Monſieur l'Abbé d'Olivet, n'eſt ni l'unique, ni même la principale ſource où l'on a puiſé ce qu'on en va lire. On s'eſt plûtôt fié à un Mémoire, fourni par le Petit-fils de la Fontaine même, où l'on a trouvé des particularités qui ne ſe rencontrent point ailleurs, & qui font moins de tort à l'eſprit & au bon ſens de ce Poëte reſpectable, que certains petits faits qu'on a inconſidérement racontés.

Jean de la Fontaine naquit à Château-Thierry le 8 de Juillet 1621. (c'eſt-à-dire, un an après Moliere) de Jean de la Fontaine, Maître des Eaux & Forêts, & de Françoiſe Pidoux, fille du Bailli de Coulommiers. On croit qu'il fit ſes premieres études à Reims, ville qu'il a toujours extrêmement chérie. A l'âge de dix-neuf ans il entra chez les Peres de l'Oratoire, qu'il quitta dix-huit mois après. Cette Congrégation, rivale d'une Societé féconde en gens d'eſprit & de goût, a été l'Ecole de pluſieurs Ecrivains célebres, & elle a donné, comme l'autre, des Membres à l'Academie Françoiſe.

La Fontaine ignoroit encore à vingt-deux ans ſes talens ſinguliers pour la Poéſie, lorſqu'on lut devant lui une Ode de Malherbe. Il l'écouta avec une ſurpriſe & une admiration, égales à celle d'un homme qui a l'imagination frappée d'un objet confus qu'il cherche ſans le connoître : s'il vient par hazard à le rencontrer, ſes regards le dévorent, & ſon eſprit ſatisfait le ſaiſit avec tranſport. Telle fut l'impreſſion que fit ſur la Fontaine la lecture de cette Ode. Son goût ſe déclara, & ſon génie ſe développa auſſi-tôt. Il ſe reconnut en quelque ſorte dans l'entouſiaſme lyrique, dont les Vers, qu'il venoit d'entendre, étoient animés; & le feu poétique, qu'il renfermoit en lui-même, ſembla s'allumer à celui de Malherbe. Il ſe mit à lire ce Poëte, à le méditer, à l'apprendre par cœur, à le déclamer, & enfin à l'imiter. Il confia les premiers eſſais de ſa plume à un de ſes parens, nommé Pintrel, Procureur du Roi au Préſidial de Château-Thierry. Celui-ci applaudit aux productions naiſſantes du jeune Poëte; il l'encouragea, & lui fit lire les meilleurs Auteurs Latins, Horace, Virgile, Térence & Quintilien. Ce Pintrel fut donc par rapport à la Fontaine, ce que le grand-pere de Moliere avoit été à l'égard de cet illuſtre Auteur: car tout le monde ſçait que c'eſt au goût de l'Ayeul pour la Comedie, que nous devons les charmantes Piéces du Petit-fils.

Nourri de la lecture des Auteurs Latins, la Fontaine paſſa à celle des Auteurs François & Italiens. Il fit ſes délices de Rabelais, de Marot & de d'Urfé. Le premier le divertiſſoit par ſon burleſque enjoüement; il choiſit le ſecond pour ſon modele en fait de ſtyle, comme celui qui avoit attrapé le vrai tour du genre naïf. Il tiroit de l'Aſtrée de d'Urfé ces images champêtres, qui lui ſont ſi familiéres. L'Arioſte & Bocace, où il a puiſé la matiére de bien des Contes, étoient encore au nombre de ſes Auteurs favoris; & ce qu'on ne croira peut-être pas, c'eſt que Platon & Plutarque faiſoient un des principaux ornemens de sa Bibliothéque. Ils lui fournissoient ces belles maximes de Morale & de Politique qu'il a semées dans ses Fables. Car, à l'exemple des grands Maîtres, il n'y avoit point de Livre qu'il ne mît à profit ; semblable à l'Abeille qui tire du suc de toutes les fleurs, & bien différent de ces Poëtes paresseux & ignorans, qui nés avec un heureux génie, sont médiocres & stériles par leur propre faute. L'esprit le plus fécond s'épuise bientôt, s'il n'est soutenu par la lecture réflechie des bons Ecrivains.

Quoique toute sorte de liens fussent contraires au goût de la Fontaine, & que le mariage en particulier dût lui paroître un engagement bien pénible, il s'y détermina par complaisance pour ses Parens, & il se laissa marier. On lui fit épouser Marie Hericard, fille d'un Lieutenant-Général de la Ferté-Milon, patrie du grand Racine, dont il fut toujours l'Ami. Sa femme avoit de la beauté, & un esprit supérieur, qui la rendoit estimable aux yeux même de son mari. Il ne composoit aucun Ouvrage qu'il ne la consultât. Cependant son goût pour la Capitale du Royaume, & son éloignement pour tout ce qui sentoit la gêne, ne lui permirent pas de vivre long-tems en ménage. La fameuse Duchesse de Bouillon, niéce du Cardinal Mazarin, ayant été exilée à Château-Thierry, voulut connoître la Fontaine. On le lui présenta, & il en fut goûté. Comme elle avoit l'esprit badin & enjoué, elle l'engagea à composer des Piéces dans le genre qui la flattoit le plus. Telle fut, dit-on, l'origine des Contes. Rappellée à Paris, elle y amena la Fontaine, qui trouva dans cette Ville un de ses Parens, nommé Jannart, Substitut & favori de Mr. Fouquet. Cette rencontre attacha naturellement le Poëte à Mr. Fouquet, qui lui fit une pension. La Fontaine lui présentoit à chaque quartier son reçû, qui consistoit en une piéce de Vers. On a conservé ces quittances poétiques dans l'édition trop ample de ses Oeuvres posthumes.

Jannart ayant été enveloppé dans la disgrace de Mr. Fouquet, il fut exilé à Limoges, où la Fontaine le suivit. Il nous a laissé la relation de ce voyage en douze Lettres écrites à sa femme. De retour de Limoges, d'où Jannart fut bien-tôt rappellé, la Fontaine entra chez la celebre Henriette d'Angleterre, premiére femme de Monsieur, en qualité de Gentilhomme. La mort précipitée de cette Princesse fit évanouir les grandes espérances de fortune, dont d'autres à sa place se seroient flattés. Il trouva de génereux protecteurs dans Mr. le Prince, Mr. le Prince de Conti, Mr. de Vendôme & Mr. le Duc de Bourgogne. Mesdames de Bouillon & Mazarin furent aussi du nombre de ses bienfaictrices. Madame de la Sabliére, cette femme si célébre pour qui Bernier fit l'abregé de Gassendi, se chargea pour lui des soins domestiques, en le retirant chez elle.

Attaché à Paris par les agrémens qu'il y trouvoit, & par ses liaisons avec tous les beaux-esprits de ſon ſiécle, il alloit néanmoins tous les ans, au mois de Septembre, rendre une viſite à ſa femme, & il menoit avec lui Racine, Deſpreaux, Chapelle ou quelques-autres Ecrivains de ce nom. Mais comme il ne vouloit pas que ces viſites fuſſent ſtériles pour lui, il vendoit à chaque voyage quelque portion de ſon bien, qui ſe trouva entiérement diſſipé, autant par ſa négligence que par ſa prodigalité. Il ne paſſa jamais de bail de maiſon, & il ne renouvella jamais celui d'une Ferme. Sa femme, qui ne s'entendoit pas mieux que lui à faire valoir leurs terres, contribua beaucoup à la perte d'un Patrimoine aſſez conſidérable, dont une partie tomba par uſurpation dans des mains étrangéres.

Le même eſprit de ſimplicité, de candeur & de naïveté, que nous admirons dans les Ouvrages de la Fontaine, le caractériſoit lui-même, & jamais Auteur ne s'eſt mieux peint dans ſes Livres. Il étoit plein de probité & de droiture, doux, ingénu, naturel, ſincére, crédule, facile, ſans ambition, ſans fiel, prenant tout en bonne part; &, ce qui eſt plus rare, eſtimant ſes Confreres les Auteurs, & vivant bien avec eux. Il parloit peu, & à moins qu'il ne ſe trouvât avec des Amis familiers, ou que le diſcours ne roulât ſur quelque matiére qui fût de ſon goût, il ne paroiſſoit qu'un homme fort ordinaire. On a toujours remarqué que la plûpart des Sçavans & des fameux Ecrivains ne ſont pas les plus brillans dans la ſocieté; & une converſation enjoüée, toujours semée de traits d'esprit & de saillies, n'est pas, comme on sçait, une marque infaillible du génie, ni même du véritable esprit. L'illustre Rousseau avoit aussi peu de talent que la Fontaine pour la conversation, à moins qu'on ne lui parlât de Belles-Lettres, ou que son imagination ne fût échauffée par quelque dispute agréable. Voici un trait qui peint bien le caractére naïf & silentieux de notre célébre Auteur. Ayant été invité à dîner dans une maison, comme pour amuser les Convives, il mangea, & ne parla point. Il se leva de table de fort bonne heure, sous prétexte de se rendre à l'Académie, où on l'avoit fait entrer. On lui représenta en vain qu'il n'étoit pas encore tems : il répondit : *Je prendrai le plus long.* Ce fut chez un Fermier Général * qu'il fit si bonne chere, avec si peu de dépense d'esprit.

Ce qui est bien digne de remarque, c'est que malgré l'idée que doivent donner de lui ses Contes, il avoit les mœurs pures ; & on pourroit lui appliquer ce Vers d'un ancien Poëte :

Lasciva est nobis pagina, vita proba est.

Il ne laissoit même rien échaper de libre ni d'équivoque dans les conversations. On avoit beau l'agacer sur ces matiéres ; il étoit toujours plein de respect pour les femmes, & ne médisoit d'elles que dans ses Ecrits, & en général. Ce qu'il y a même de

* *Mr. Laugeois d'Imbercourt.*

ſingulier, c'eſt que des meres le conſultoient ſur l'éducation de leurs filles, & de jeunes perſonnes ſur la maniére de ſe conduire dans le monde. Il donnoit d'excellens conſeils, qui s'éloignoient également de la farouche auſtérité d'un Directeur peu éclairé, & du relâchement d'un mondain peu ſcrupuleux.

Il eut un fils en 1660. qu'il garda fort peu de tems auprès de lui. A l'âge de quatorze ans, il le mit entre les mains de Monſieur de Harlay, depuis Premier Préſident, & lui recommanda ſon éducation & ſa fortune. On rapporte que la Fontaine ſe rendit un jour dans une maiſon, où devoit venir ſon fils, qu'il n'avoit pas vû depuis long-tems. Il ne le reconnut point, & témoigna cependant à la compagnie qu'il lui trouvoit de l'eſprit & du goût. Quand on lui eût dit que c'étoit ſon fils, il répondit tranquillement : *Ah ! j'en ſuis bien aiſe.*

Cette Apathie, ſi recherchée par les anciens Philoſophes, influoit ſur toute ſa conduite, & le rendoit quelquefois inſenſible aux injures même du tems. Comme il étoit né avec un eſprit aiſé, à qui rien ne coûtoit, il n'eut jamais de Cabinet, & travailloit par-tout où il ſe ſentoit inſpiré. Madame de Bouillon allant un jour à Verſailles le matin, le vit rêvant ſous un arbre du Cours. Le ſoir, en revenant, elle le retrouva dans le même endroit & dans la même attitude, quoiqu'il fît aſſez froid, & qu'il eût tombé de la pluye toute la journée. La Fontaine étoit le ſeul qui ne s'en apperçût

apperçût pas, semblable en quelque sorte au fameux Archimede, qui travailloit tranquillement, tandis que les Ennemis saccageoient la Ville où il étoit, & avoient pénetré jusqu'à son logis. C'est à ces poëtiques rêveries, qu'on doit attribuer toutes les histoires vrayes ou fausses des distractions de notre Auteur.

Madame de la Sabliere, chez qui il demeuroit depuis vingt ans, étant morte, il fut invité à se retirer en Angleterre par Madame Mazarin & par Saint Evremond, qui lui promirent toutes les aises & toutes les douceurs de la vie. Il y eut même plusieurs Seigneurs Anglois, qui jaloux que la France possédât un si grand homme, lui offrirent une fortune brillante, dans l'espérance de l'attirer dans leur Isle. La Fontaine ne fut point sourd à leurs sollicitations, & il se mit à apprendre l'Anglois; mais son génie indolent & ennemi de tout travail se dégoûta bien-tôt de l'étude d'une Langue seche & épineuse. Il renonça donc au voyage d'Angleterre. Les bienfaits de Monsieur le Duc de Bourgogne ne contribuérent pas peu à le retenir à Paris, & ce jeune Mecene, déja héritier du goût de son Ayeul pour les Lettres, épargna à sa Patrie la douleur de perdre un de ses plus beaux esprits, & la honte de ne l'avoir pas retenu dans son sein.

Il tomba malade sur la fin de l'année 1692. Le Pere Pouget, de l'Oratoire, alla lui rendre visite, & lui parla au sujet de la Religion. La Fontaine avoit vécu dans une grande indolence sur cet article, comme sur tout le reste, se laissant guider par une simple lumiére, qui ne lui découvroit que la loi naturelle. Il n'étoit ni incrédule, ni impie, & jamais il ne chercha dans des paradoxes philosophiques des principes suspects, pour justifier son irréligion ou son indifférence. Le Pere Pouget réussit à le convaincre des preuves du Christianisme. Il fit une confession générale de toute sa vie; & prêt à recevoir le Viatique, il détesta la source de sa gloire & de son immortalité, & demanda pardon à Dieu, en présence de Messieurs de l'Académie Françoise, qu'il avoit priés de se rendre chez lui par Députés; protestant que s'il recouvroit la santé, il n'employeroit son talent qu'à écrire sur des matiéres de morale ou de pieté.

Il vêcut encore deux ans après sa conversion, & il entreprit de traduire les Hymnes de l'Eglise. Mais il n'alla pas loin, & quand même le cours de sa vie eût été prolongé, il est probable qu'il n'y auroit pas beaucoup réussi. Outre la difficulté d'exceller en ce genre, son feu poétique étoit éteint par l'âge, par le regime, & plus encore par la vie austére & pénitente qu'il s'étoit imposée à lui-même. Si dans la vigueur de son âge & de son génie, il s'étoit appliqué aux choses sacrées, il s'y seroit sans doute distingué, comme notre illustre Rousseau, qui n'a pas attendu ses derniéres années, pour chanter les louanges divines. La Fontaine mourut à Paris, rue Plâtriére, le 13. de Mars 1695. âgé de soixante-quatorze ans. Il fut enterré dans le Cimetiére de

Saint Joſeph, à l'endroit même où ſon Ami Moliere avoit été inhumé vingt-deux ans auparavant. On le trouva couvert d'un cilice, lorſqu'on le deshabilla; ce qui a fait dire à l'illuſtre fils du grand Racine :

La Fontaine en gémit : à ſes remords rebelle
Sa main ſert malgré lui ſa plume criminelle :
Vrai dans tous ſes écrits, vrai dans tous ſes diſcours,
Vrai dans ſa pénitence à la fin de ſes jours,
Du Maître qui s'approche il prévient la juſtice,
Et l'Auteur de Joconde eſt armé d'un cilice.

Il me reſte à caractériſer le ſtyle de la Fontaine, & à dire un mot de ſes compoſitions. Jamais homme n'écrivit avec plus de graces, plus de douceur, plus de naturel, plus de fineſſe & plus de facilité. C'eſt véritablement le Poëte de la Nature. Vous ne ſentez nulle part le travail ni la gêne : il voyoit éclorre ſous ſa main ces fleurs, qui coûtoient des veilles aux Boileaux & aux Racines. La Fontaine, plongé dans les douceurs d'un tranquille délire, n'éprouva certainement jamais ni fureurs, ni tranſports, ni fougueux entouſiaſme. On diroit que ſes Fables ſont tombées de ſa plume. Il a ſurpaſſé l'ingénieux Inventeur de l'Apologue & ſon admirable Copiſte. Auſſi élegant, auſſi naturel, moins pur à la vérité, mais auſſi moins froid & moins nû que Phedre, il a attrapé le point de perfection dans ce genre; & ceux qui ont couru la même carriére, quoiqu'avec beaucoup de mérite, ſont reſtés bien loin derriére lui. Ses Contes ſont un parfait modéle du ſtyle hiſtorique dans le genre familier. Quelle exactitude, quelle aiſance, quelle vivacité dans la narration! On eſt cependant obligé de dire qu'il ne met pas toujours la derniére main à un Ouvrage, qu'il eſt quelquefois négligé, & qu'il ſe trouve dans cet excellent Auteur des vices de conſtruction & quelques défauts de langage. Il faut que ceux qui le liſent, ſçachent diſcerner ces petites fautes, & ne les prennent pas pour des autorités. Mais ſa poëſie ſeroit peut-être moins admirable, ſi elle étoit plus travaillée, & cette molle négligence décéle le grand Maître, & l'Ecrivain original. C'eſt le caractére des eſprits faciles d'être ainſi peu châtiés, & comme indépendans des régles; à l'exemple de pluſieurs grands Peintres, dont nous n'avons aucun Tableau, où il n'y ait quelque petite partie négligée. Chapelle & Chaulieu ne ſont pas ſur la Langue plus exacts & plus ſcrupuleux que la Fontaine. Peut-être auſſi que ſi ce dernier n'avoit pas eſſayé trop de genres différens, il auroit mis plus de correction dans ſes Ecrits. C'eſt lui-même qui nous le dit, & voici comme il peint ſon inconſtance:

Papillon du Parnaſſe, & ſemblable aux Abeilles,
A qui le bon Platon compare nos merveilles;
Je ſuis choſe legére, & vole à tout ſujet;
Je vais de fleur en fleur, & d'objet en objet:

A beaucoup de plaisir je mêle un peu de gloire.
J'irois plus haut peut-être au Temple de Mémoire,
Si dans un genre seul j'avois usé mes jours.
Mais quoi! je suis volage en vers comme en amours.

Madame de Sevigné étoit fort courroucée de cette légéreté de la Fontaine. „ Je voudrois, dit-„ elle dans une de ses Lettres, faire une Fable qui „ lui fît entendre combien cela est misérable, de „ forcer son esprit à sortir de son genre, & com-„ bien la folie de vouloir chanter sur tous les tons, „ fait une mauvaise musique. „ Quelle vivacité cette Dame n'eût-elle donc pas montrée, si de son tems il y avoit eu un Poëte assez temeraire pour essayer non-seulement tous les genres de Poësie, mais tous les genres de Litterature! La Fontaine du moins n'a écrit ni sur la Physique ni sur l'Histoire. Son ambition se bornoit à exceller dans son art, se mettant peu en peine de tous les progrès qu'on pouvoit faire dans les autres.

La postérité de la Fontaine subsiste encore aujourd'hui. Le fils qu'il avoit eu de Marie Hericard en 1660. est mort en 1722. & a laissé un fils & trois filles. La famille jouit d'un privilége bien honorable pour la mémoire du Poëte, & pour celle du Magistrat qui l'accorda. La femme de la Fontaine ayant été inquietée, après la mort de son Mari, pour le payement de quelques charges publiques, Mr. d'Armenonville, alors Intendant de Soissons, écrivit à son Subdelegué, qu'il vouloit que la famille de la Fontaine fût exempte à l'avenir de toute taxe & de toute impoſition. Tous les Intendans de Soiſſons ſe ſont fait depuis un honneur de confirmer cette grace, & les deſcendans de notre Poëte conſervent précieuſement la Lettre de Mr. d'Armenonville, auſſi glorieuſe pour ce grand Magiſtrat qui protégeoit les Lettres, que, &c.

CONTES

CONTES DE LA FONTAINE.

JOCONDE.

Nouvelle tirée de l'Arioste.

JADIS régnoit en Lombardie
Un Prince aussi beau que le jour,
Et tel, que des beautés que régnoient à sa Cour,
La moitié lui portoit envie,
L'autre moitié brûloit pour lui d'amour.
Un jour en se mirant : Je fais, dit-il, gageure,

Qu'il n'eſt mortel dans la nature
Qui me ſoit égal en apas ;
Et gage, ſi l'on veut, la meilleure Province
De mes Etats ;
Et s'il s'en rencontre un, je promets, foi de Prince,
De le traiter ſi bien, qu'il ne s'en plaindra pas.

A ce propos s'avance un certain Gentilhomme
D'auprès de Rome.
Sire, dit-il, ſi votre Majeſté
Eſt curieuſe de beauté,
Qu'elle faſſe venir mon frere ;
Aux plus charmans il n'en doit guére :
Je m'y connois un peu, ſoit dit ſans vanité.
Toutefois en cela pouvant m'être flâté,
Que je n'en ſois pas crû, mais les cœurs de vos Dames:
Du ſoin de guérir leurs flâmes
Il vous ſoulagera, ſi vous le trouvez bon :
Car de pourvoir vous ſeul au tourment de chacune,
Outre que tant d'amour vous ſeroit importune,
Vous n'auriez jamais fait ; il vous faut un ſecond.

Là deſſus Aſtolphe répond :
(C'eſt ainſi qu'on nommoit ce Roi de Lombardie)
Votre diſcours me donne une terrible envie
De connoître ce frere : amenez-le nous donc.
Voyons ſi nos beautés en ſeront amoureuſes,
Si ſes apas le mettront en crédit ;
Nous en croirons les connoiſſeuſes,
Comme très-bien vous avez dit.

Le Gentilhomme part, & va querir Joconde.
(C'eſt le nom que ce frere avoit)
A la campagne il vivoit,
Loin du commerce du monde,
Marié depuis peu; content, je n'en ſçais rien.
Sa femme avoit de la jeuneſſe,
De la beauté, de la délicateſſe;
Il ne tenoit qu'à lui qu'il ne s'en trouvât bien.

Son frere arrive, & lui fait l'ambaſſade,
Enfin il le perſuade.
Joconde d'une part regardoit l'amitié
D'un Roi puiſſant, & d'ailleurs fort aimable,
Et d'autre part auſſi ſa charmante moitié
Triomphoit d'être inconſolable,
Et de lui faire des adieux,
A tirer les larmes des yeux.

Quoi, tu me quittes, diſoit-elle?
As-tu bien l'ame aſſez cruelle,
Pour préferer à ma conſtante amour
Les faveurs de la Cour?
Tu ſçais qu'à peine, elles durent un jour,
Qu'on les conſerve avec inquiétude,
Pour les perdre avec deſeſpoir.
Si tu te laſſes de me voir,
Songe au moins qu'en ta ſolitude
Le repos régne jour & nuit,
Que les ruiſſeaux n'y font du bruit
Qu'afin de t'inviter à fermer la paupiere.

Croi-moi, ne quitte point les hôtes de tes bois,
Ces fertiles vallons, ces ombrages si cois,
Enfin moi, qui devois me nommer la premiere.
Mais ce n'est plus le tems, tu ris de mon amour :
Va cruel, va montrer ta beauté singuliere;
Je mourrai, je l'espere, avant la fin du jour.

L'Histoire ne dit point, ni de quelle maniere
Joconde put partir, ni ce qu'il répondit,
Ni ce qu'il fit, ni ce qu'il dit;
Je m'en tais donc aussi, de crainte de pis faire.
Disons que la douleur l'empêcha de parler :
C'est un fort bon moyen de se tirer d'affaire.
Sa femme le voyant tout prêt de s'en aller,
L'accable de baisers, & pour comble lui donne
Un brasselet de façon fort mignonne,
En lui disant : Ne le perds pas,
Et qu'il soit toujours à ton bras,
Pour te ressouvenir de mon amour extrême;
Il est de mes cheveux, je l'ai tissu moi-même;
Et voilà de plus mon portrait,
Que j'attache à ce brasselet.

Vous autres bonnes gens, eussiez crû que la Dame
Une heure après eût rendu l'ame;
Moi qui sçais ce que c'est que l'esprit d'une femme,
Je m'en serois à bon droit défié.
Joconde partit donc; mais aiant oublié
Le brasselet & la peinture :
Par je ne sçais qu'elle avanture,

Le matin même il s'en ſouvient.
Au grand galop ſur ſes pas il revient,
Ne ſçachant quelle excuſe il feroit à ſa femme.
Sans rencontrer perſonne, & ſans être entendu,
Il monte dans ſa chambre, & voit près de la Dame
Un lourdaut de Valet ſur ſon ſein étendu.
Tous deux dormoient: dans cet abord Joconde
Voulut les envoyer dormir en l'autre monde;
Mais cependant il n'en fit rien:
Et mon avis eſt qu'il fit bien.
Le moins de bruit que l'on peut faire
En telle affaire,
Eſt le plus ſûr de la moitié.
Soit par prudence, ou par pitié,
Le Romain ne tua perſonne.
D'éveiller ces Amans il ne le faloit pas;
Car ſon honneur l'obligeoit en ce cas,
De leur donner le trépas.
Vis, méchante, dit-il tout bas,
A ton remords je t'abandonne.

Joconde là-deſſus ſe remet en chemin,
Rêvant à ſon malheur tout le long du voiage.
Bien ſouvent il s'écrie, au fort de ſon chagrin:
Encor ſi c'étoit un blondin;
Je me conſolerois d'un ſi ſenſible outrage;
Mais un gros lourdaut de Valet!
C'eſt à quoi j'ai plus de regret:
Plus j'y penſe, & plus j'en enrage.
Ou l'amour eſt aveugle, ou bien il n'eſt pas ſage,

D'avoir aſſemblé ces Amans.
Ce ſont hélas! ſes divertiſſemens;
Et poſſible eſt-ce par gageure
Qu'il a cauſé cette avanture.

Le ſouvenir fâcheux d'un ſi perfide tour
Alteroit fort la beauté de Joconde :
Ce n'étoit plus ce miracle d'amour,
Qui devoit charmer tout le monde.
Des Dames le voyant arriver à la Cour,
Dirent d'abord : Eſt-ce là ce Narciſſe,
Qui prétendoit tous nos cœurs enchaîner?
Quoi, le pauvre homme a la jauniſſe :
Ce n'eſt pas pour nous la donner.
A quel propos nous amener
Un Galant, qui vient de jeûner
La quarantaine?
On ſe fût bien paſſé de prendre tant de peine.

Aſtolphe étoit ravi; le frere étoit confus,
Et ne ſçavoit que penſer là-deſſus :
Car Joconde cachoit avec un ſoin extrême,
La cauſe de ſon ennui.
On remarquoit pourtant en lui,
Malgré ſes yeux cavés & ſon viſage blême,
De fort beaux traits, mais qui ne plaiſoient point;
Faute d'éclat & d'embonpoint.

Amour en eut pitié; d'ailleurs cette triſteſſe
Faiſoit perdre à ce Dieu trop d'encens & de vœux;

L'un des plus grands ſuppôts de l'Empire amoureux
Conſumoit en regrets la fleur de ſa jeuneſſe.
Le Romain ſe vit donc à la fin ſoulagé
Par le même pouvoir qui l'avoit afligé.
Car un jour étant ſeul en une galerie,
Lieu ſolitaire & tenu fort ſecret,
Il entendit en certain cabinet,
Dont la cloiſon n'étoit que de menuiſerie,
Le propre diſcours que voici.
Mon cher Curtade, mon ſouci,
J'ai beau t'aimer, tu n'es pour moi que glace;
Je ne vois pourtant, Dieu merci,
Pas une beauté qui m'efface:
Cent Conquérans voudroient avoir ta place,
Et tu ſembles la mépriſer;
Aimant beaucoup mieux t'amuſer
A joüer avec quelque Page
Au Lanſquenet,
Que me venir trouver ſeule en ce cabinet.
Dorimene tantôt t'en a fait le meſſage;
Tu t'es mis contr'elle à jurer,
A la maudire, à murmurer,
Et n'as quitté le jeu que ta main étant faite,
Sans te mettre en ſouci de ce que je ſouhaite.

Qui fut bien étonné, ce fut notre Romain:
Je donnerois juſqu'à demain,
Pour deviner qui tenoit ce langage,
Et quel étoit le perſonnage
Qui gardoit tant ſon quant à moi.

Ce bel Adon étoit le Nain du Roi,
Et ſon Amante étoit la Reine.
Le Romain ſans beaucoup de peine,
Les vit, en approchant les yeux
Des fentes que le bois laiſſoit en divers lieux.
Ces Amans ſe fioient au ſoin de Dorimene;
Seule elle avoit toujours la clef de ce lieu-là.
Mais la laiſſant tomber, Joconde la trouva;
Puis s'en ſervit, puis en tira
Conſolation non petite,
Car voici comme il raiſonna.
Je ne ſuis pas le ſeul: & puis que même on quitte
Un Prince ſi charmant pour un Nain contrefait,
Il ne faut pas que je m'irrite
D'être quitté pour un Valet.

Ce penſer le conſole; il reprend tous ſes charmes,
Il devient plus beau que jamais:
Telle pour lui verſe des larmes
Qui ſe mocquoit de ſes attraits.
C'eſt à qui l'aimera; la plus prude s'en pique;
Aſtolphe y perd mainte pratique.
Cela n'en fut que mieux; il en avoit aſſez.
Retournons aux Amans que nous avons laiſſez.

Après avoir tout vû, le Romain ſe retire,
Bien empêché de ce ſecret.
Il ne faut à la Cour ni trop voir, ni trop dire:
Et peu ſe ſont vantés du don qu'on leur a fait,
Pour une ſemblable nouvelle,

Mais

Mais quoi ! Joconde aimoit avecque trop de zéle
Un Prince libéral qui le favorisoit,
Pour ne pas l'avertir du tort qu'on lui faisoit.

Or comme avec les Rois il faut plus de mystere
Qu'avecque d'autres gens sans doute il n'en faudroit,
Et que de but en blanc leur parler d'une affaire,
Dont le discours leur doit déplaire,
Ce seroit être mal adroit ;
Pour adoucir la chose, il falut que Joconde
Depuis l'origine du Monde
Fît un dénombrement des Rois & des Césars,
Qui sujets comme nous à ces communs hazards,
Malgré les soins dont leur grandeur se pique,
Avoient vû leurs femmes tomber
En telle ou semblable pratique,
Et l'avoient vû, sans succomber
A la douleur, sans se mettre en colere,
Et sans en faire pire chere.

Moi qui vous parle, Sire, ajoûta le Romain,
Le jour que pour vous voir je me mis en chemin,
Je fus forcé par mon destin
De reconnoître Cocuage,
Pour un des Dieux du mariage ;
Et comme tel de lui sacrifier.
Là-dessus il conta, sans en rien oublier,
Toute sa déconvenuë ;
Puis vint à celle du Roi.
Je vous tiens, dit Astolphe, homme digne de foi ;

Mais la chose, pour être cruë,
Mérite bien d'être vûë.
Menez-moi donc sur les lieux.
Cela fut fait, & de ses propres yeux
Astolphe vit des merveilles,
Comme il en entendit de ses propres oreilles:
L'énormité du fait le rendit si confus,
Que d'abord tous ses sens demeurerent perclus:
Il fut comme accablé de ce cruel outrage;
Mais bien-tôt il le prit en homme de courage,
En galant homme, & pour le faire court,
En véritable homme de Cour.
Nos femmes, ce dit-il, nous en ont donné d'une;
Nous voici lâchement trahis,
Vengeons-nous-en, & courons le païs;
Cherchons par tout notre fortune.
Pour réussir dans ce dessein,
Nous changerons nos noms, je laisserai mon train;
Je me dirai votre cousin,
Et vous ne me rendrez aucune déférence:
Nous en ferons l'amour avec plus d'assurance,
Plus de plaisir, plus de commodité,
Que si j'étois suivi selon ma qualité.

Joconde approuve fort le dessein du voyage;
Il nous faut dans notre équipage,
Continua le Prince avoir un livre blanc,
Pour mettre les noms de celles,
Qui ne seront pas rebelles,
Chacune selon son rang.

Je conſens de perdre la vie,
Si devant que ſortir des confins d'Italie,
Tout notre livre ne s'emplit;
Et ſi la plus ſevere à nos vœux ne ſe range.
Nous ſommes beaux, nous avons de l'eſprit;
Avec cela bonnes lettres de change:
Il faudroit être bien étrange,
Pour réſiſter à tant d'apas,
Et ne pas tomber dans les lacs
De gens qui ſémeront l'argent & la fleurette,
Et dont la perſonne eſt bien faite.

Leur bagage étant prêt, & le livre ſur tout,
Nos galans ſe mettent en voye.
Je ne viendrois jamais à bout
De nombrer les faveurs que l'amour leur envoye:
Nouveaux objets, nouvelle proye:
Heureuſes les beautés qui s'offrent à leurs yeux!
Et plus heureuſe encor celle qui peut leur plaire!
Il n'eſt en la plûpart des lieux
Femme d'Echevin ni de Maire,
De Podeſtat, de Gouverneur,
Qui ne tienne à fort grand honneur,
D'avoir en leur regiſtre place;
Les cœurs que l'on croyoit de glace
Se fondent tous à leur abord.
J'entends déja maint eſprit fort
M'objecter que la vrai-ſemblance
N'eſt pas en ceci tout-à-fait.
Car, dira-t-on, quelque parfait

Que puiſſe être un galant dedans cette ſcience;
Encor faut-il du temps pour mettre un cœur à bien.
S'il en faut, je n'en ſçais rien :
Ce n'eſt pas mon métier de cajoller perſonne :
Je le rends comme on me le donne,
Et l'Arioſte ne ment pas.
Si l'on vouloit à chaque pas
Arrêter un conteur d'Hiſtoire,
Il n'auroit jamais fait : ſuffit qu'en pareil cas
Je promets à ces gens quelque jour de les croire.

Quand nos avanturiers eurent goûté de tout,
(De tout un peu, c'eſt comme il faut l'entendre)
Nous mettrons, dit Aſtolphe, autant de cœurs à bout
Que nous voudrons en entreprendre;
Mais je tiens qu'il vaut mieux attendre.
Arrêtons-nous pour un temps quelque part,
Et cela plûtôt que plus tard;
Car en amour, comme à la table,
Si l'on en croit la Faculté,
Diverſité de mets peut nuire à la ſanté.
Le trop d'affaires nous accable :
Ayons quelque objet en commun;
Pour tous les deux c'eſt aſſez d'un.
J'y conſens, dit Joconde, & je ſçai une Dame
Près de qui nous aurons toute commodité.
Elle a beaucoup d'eſprit, elle eſt belle, elle eſt femme
D'un des premiers de la Cité.
Rien moins, reprit le Roi; laiſſons la qualité :
Sous les cotillons des griſettes

Peut loger autant de beauté,
Que ſous les jupes des coquettes.
D'ailleurs, il n'y faut point faire tant de façon:
Etre en continuel ſoupçon,
Dépendre d'une humeur fiere, bruſque, ou volage;
Chez les Dames de haut parage
Ces choſes ſont à craindre, & bien d'autres encor.
Une griſette eſt un tréſor:
Car ſans ſe donner de la peine,
Et ſans qu'aux Bals on la promene,
On en vient aiſément à bout;
On lui dit ce qu'on veut, bien ſouvent rien du tout.
Le point eſt d'en trouver une qui ſoit fidele:
Choiſiſſons-la toute nouvelle,
Qui ne connoiſſe encor ni le mal, ni le bien.
Prenons, dit le Romain, la fille de notre hôte;
Je la tiens pucelle ſans faute,
Et ſi pucelle, qu'il n'eſt rien
De plus puceau que cette belle;
Sa poupée en ſçait autant qu'elle.
J'y ſonge, dit le Roi, parlons-lui dès ce ſoir;
Il ne s'agit que de ſçavoir,
Qui de nous doit donner à cette Jouvencelle,
Si ſon cœur ſe rend à nos vœux,
La premiere leçon du plaiſir amoureux.
Je ſçai que cet honneur eſt pure fantaiſie;
Toutefois étant Roi, l'on me le doit ceder:
Du reſte il eſt aiſé de s'en accommoder.
Si c'étoit, dit Joconde, une cérémonie,

Vous auriez droit de prétendre le pas ;
Mais il s'agit d'un autre cas.
Tirons au ſort, c'eſt la juſtice ;
Deux pailles en feront l'office.
De la chappe à l'Evêque, hélas, ils ſe battoient,
Les bonnes gens qu'ils étoient.
Quoi qu'il en ſoit, Joconde eut l'avantage
Du prétendu pucelage.
La belle étant venuë en leur chambre le ſoir
Pour quelque petite affaire,
Nos deux Avanturiers près d'eux la firent ſeoir,
Loüerent ſa beauté, tâchérent de lui plaire,
Firent briller une bague à ſes yeux.
A cet objet ſi précieux
Son cœur fit peu de réſiſtance :
Le marché ſe conclut ; & dès la même nuit,
Toute l'Hôtellerie étant dans le ſilence,
Elle les vient trouver ſans bruit.
Au milieu d'eux ils lui font prendre place,
Tant qu'enfin la choſe ſe paſſe
Au grand plaiſir des trois, & ſur tout du Romain,
Qui crut avoir rompu la glace.
Je lui pardonne, & c'eſt en vain
Que de ce point on s'embarraſſe ;
Car il n'eſt ſi ſotte après tout
Qui ne puiſſe venir à bout
De tromper à ce jeu le plus ſage du monde ;
Salomon qui grand-clerc étoit,
Le reconnoît en quelque endroit,

Dont il ne ſouvint pas au bon homme Joconde.
Il ſe tint content pour le coup,
Crut qu'Aſtolphe y perdoit beaucoup.
Tout alla bien, & maître pucelage
Joüa des mieux ſon perſonnage.
Un jeune gars pourtant en avoit eſſayé.
Le tems à cela près fut fort bien employé,
Et ſi bien, que la fille en demeura contente.
Le lendemain elle le fut encor,
Et même encor la nuit ſuivante.
Le jeune gars s'étonna fort
Du refroidiſſement qu'il remarquoit en elle:
Il ſe douta du fait, la guéta, la ſurprit,
Et lui fit fort groſſe querelle.
Afin de l'appaiſer, la belle lui promit,
Foi de fille de bien, que ſans aucune faute
Leurs Hôtes délogez, elle lui donneroit
Autant de rendez-vous qu'il en demanderoit.
Je n'ai ſouci, dit-il, ni d'Hôteſſe ni d'Hôte:
Je veux cette nuit même, ou bien je dirai tout.
Comment en viendrons-nous à bout,
Dit la fille fort affligée?
De les aller trouver je me ſuis engagée:
Si j'y manque, adieu l'anneau,
Que j'ai gagné bien & beau.
Faiſons que l'anneau vous demeure,
Reprit le garçon tout à l'heure.
Dites-moi ſeulement, dorment-ils fort tous deux?
Oüi, reprit-elle; mais entr'eux

Il faut que toute nuit je demeure couchée :
Et tandis que je ſuis avec l'un empêchée,
L'autre attend ſans mot dire, & s'endort bien ſouvent
Tant que le ſiége ſoit vacant :
C'eſt là leur mot. Le gars dit à l'inſtant,
Je vous irai trouver pendant leur premier ſomme.
Elle reprit. Ah! gardez-vous-en bien,
Vous ſeriez un mauvais homme.
Non, non, dit-il, ne craignez rien;
Et laiſſez ouverte la porte.
La porte ouverte elle laiſſa :
Le galant vint, & s'approcha
Des pieds du lit; puis fit en ſorte,
Qu'entre les draps il ſe gliſſa :
Et Dieu ſçait comme il ſe plaça,
Et comme enfin tout ſe paſſa.
Et de ceci, ni de cela
Ne ſe doute le moins du monde
Ni le Roi Lombard, ni Joconde.
Chacun d'eux pourtant s'éveilla,
Bien étonné de telle aubade.
Le Roi Lombard dit à part ſoi,
Qu'a donc mangé mon camarade ?
Il en prend trop, & ſur ma foi,
C'eſt bien fait s'il devient malade.
Autant en dit de ſa part le Romain.
Et le garçon ayant repris haleine,
S'en donna pour le jour, & pour le lendemain;
Enfin pour toute la ſemaine,

Puis

Puis les voyant tous deux rendormis, à la fin
Il s'en alla de grand matin,
Toujours par le même chemin;
Et fut ſuivi de la Donzelle,
Qui craignoit fatigue nouvelle.
Eux éveillés, le Roi dit au Romain,
Frere, dormez juſqu'à demain:
Vous en devez avoir envie,
Et n'avez à préſent beſoin que de repos.
Comment, dit le Romain: mais vous-même, à propos,
Vous avez fait tantôt une terrible vie.
Moi, dit le Roi, j'ai toujours attendu,
Et puis voyant que c'étoit tems perdu,
Que ſans pitié ni conſcience
Vous vouliez juſqu'au bout tourmenter ce tendron,
Sans en avoir d'autre raiſon,
Que d'éprouver ma patience;
Je me ſuis, malgré moi, juſqu'au jour endormi.
Que s'il vous eût plû, notre ami,
J'aurois couru volontiers quelque poſte.
C'eût été tout, n'ayant pas la ripoſte
Ainſi que vous: qu'y feroit-on?
Pour Dieu, reprit ſon compagnon,
Ceſſez de vous railler, & changeons de matiere:
Je ſuis votre Vaſſal, vous l'avez bien fait voir.
C'eſt aſſez que tantôt il vous ait plû d'avoir
La fillette tout entiere.
Diſpoſez-en ainſi qu'il vous plaira;
Nous verrons ſi ce feu toujours vous durera.

Il pourra, dit le Roi, durer toute ma vie,
Si j'ai beaucoup de nuits telles que celle-ci.
Sire, dit le Romain, tréve de raillerie;
Donnez-moi mon congé, puisqu'il vous plaît ainsi.
Astolphe se piqua de cette repartie;
Et leurs propos s'alloient de plus en plus aigrir,
Si le Roi n'eût fait venir
Tout incontinent la belle.
Ils lui dirent, Jugez-nous,
En lui contant leur querelle.
Elle rougit, & se mit à genoux;
Leur confessa tout le mystere.
Loin de lui faire pire chere,
Ils en rirent tous deux : l'anneau lui fut donné;
Et maint bel écu couronné,
Dont peu de tems après on la vit mariée,
Et pour pucelle employée.

Ce fut par-là que nos avanturiers
Mirent fin à leurs avantures,
Se voyant chargés de lauriers,
Qui les rendront fameux chez les races futures.
Lauriers d'autant plus beaux, qu'il ne leur en coûta
Qu'un peu d'adresse, & quelques feintes larmes :
Et que loin des dangers & du bruit des allarmes
L'un & l'autre les remporta.

Tout fiers d'avoir conquis les cœurs de tant de belles,
Et leur livre étant plus que plein,

Le Roi Lombard dit au Romain :
Retournons au logis par le plus court chemin :
Si nos femmes ſont infideles,
Conſolons-nous ; bien d'autres le ſont qu'elles.
La conſtellation changera quelque jour :
Un tems viendra, que le flambeau d'amour
Ne brûlera les cœurs que de pudiques flâmes :
A preſent on diroit que quelque aſtre malin
Prend plaiſir aux bons tours des maris & des femmes.
D'ailleurs, tout l'Univers eſt plein
De maudits enchanteurs, qui des corps & des ames
Font tout ce qui leur plaît : ſçavons-nous ſi ces gens
(Comme ils ſont traîtres & méchans,
Et toujours ennemis, ſoit de l'un, ſoit de l'autre)
N'ont point enſorcelé, mon épouſe & la vôtre,
Et ſi par quelque étrange cas,
Nous n'avons point crû voir choſe qui n'étoit pas ?
Ainſi que bons Bourgeois achevons notre vie,
Chacun près de ſa femme, & demeurons-en là.
Peut-être que l'abſence, ou bien la jalouſie
Nous ont rendu leurs cœurs, que l'Hymen nous ôta.
Aſtolphe rencontra dans cette prophétie.
Nos deux Avanturiers au logis retournés
Furent très-bien reçûs, pourtant un peu grondés,
Mais ſeulement par bien-ſéance.
L'un & l'autre ſe vit de baiſers régalé.
On ſe récompenſa des pertes de l'abſence.
Il fut danſé, ſauté, ballé :
Et du Nain nullement parlé,

Ni du Valet, comme je penſe.
Chaque époux s'attachant auprès de ſa moitié
Vécut en grand ſoulas, en paix, en amitié,
Le plus heureux, le plus content du monde.
La Reine à ſon devoir ne manqua d'un ſeul point:
Autant en fit la femme de Joconde:
Autant en font d'autres qu'on ne ſçait point.

LE COCU BATU, ET CONTENT.

Nouvelle tirée de Bocace.

N'A pas long-temps de Rome revenoit
Certain Cadet qui n'y profita guére ;
Et volontiers en chemin ſéjournoit,
Quand par hazard le Galand rencontroit
Bon vin, bon gîte, & belle chambriere.
Avint qu'un jour en un Bourg arrêté
Il vit paſſer une Dame jolie,
Leſte, pimpante, & d'un Page ſuivie,
Et la voyant, il en fut enchanté,
La convoita, comme bien ſçavoit faire.
Prou de pardons il avoit raporté,
De vertu peu ; choſe aſſez ordinaire.

La Dame étoit de gracieux maintien,
De doux regards, jeune, fringante, & belle,
Somme qu'enfin il ne lui manquoit rien,
Fors que d'avoir un ami digne d'elle,
Tant se la mit le drôle en la cervelle,
Que dans sa peau peu ni point ne duroit:
Et s'informant comment on l'appelloit,
C'est, lui dit-on, la Dame du Village;
Messire Bon l'a prise en mariage,
Quoiqu'il n'ait plus que quatre cheveux gris;
Mais comme il est des premiers du pays,
Son bien supplée au défaut de son âge.

Notre cadet tout ce détail apprit,
Dont il conçut esperance certaine.
Voici comment le Pelerin s'y prit.
Il renvoya dans la Ville prochaine
Tous ses valets, puis s'en fut au Château;
Dit qu'il étoit un jeune Jouvenceau,
Qui cherchoit maître, & qui sçavoit tout faire.
Messire Bon fort content de l'affaire
Pour Fauconnier le loüa bien & beau;
Non toutefois sans l'avis de sa femme.
Le Fauconnier plut très-fort à la Dame;
Et n'étant homme en tel pourchas nouveau,
Guére ne mit à déclarer sa flâme.
Ce fut beaucoup; car le Vieillard étoit
Fou de sa femme, & fort peu la quittoit,
Sinon les jours qu'il alloit à la chasse.
Son Fauconnier, qui pour lors le suivoit,

Eût demeuré volontiers en ſa place.
La jeune Dame en étoit bien d'accord :
Ils n'attendoient que le temps de mieux faire:
Quand je dirai qu'il leur en tardoit fort,
Nul n'oſera ſoutenir le contraire.
Amour enfin, qui prit à cœur l'affaire,
Leur inſpira la ruſe que voici.
La Dame dit un ſoir à ſon mari :
Qui croyez-vous le plus rempli de zéle
De tous vos gens ? Ce propos entendu,
Meſſire Bon lui dit : J'ai toûjours crû
Le Fauconnier garçon ſage & fidéle,
Et c'eſt à lui que plus je me fierois.
Vous auriez tort, repartit cette Belle ;
C'eſt un méchant : il me tint l'autrefois
Propos d'amour, dont je fus ſi ſurpriſe,
Que je penſai tomber tout de mon haut ;
Car qui croiroit une telle entrepriſe ?
Dedans l'eſprit il me vint auſſi-tôt
De l'étrangler, de lui manger la vûë :
Il tint à peu ; je n'en fus retenuë,
Que pour n'oſer un tel cas publier :
Même, à deſſein qu'il ne le pût nier,
Je fis ſemblant d'y vouloir condeſcendre ;
Et cette nuit ſous un certain poirier
Dans le jardin je lui dis de m'attendre.
Mon mari, dis-je, eſt toûjours avec moi ;
Plus par amour que doutant de ma foi ;
Je ne me puis dépêtrer de cet homme,
Sinon la nuit, pendant ſon premier ſomme.

D'auprès de lui tâchant de me lever,
Dans le jardin je vous irai trouver.
Voilà l'état où j'ai laiſſé l'affaire.
Meſſire Bon ſe mit fort en colere.
Sa femme dit : Mon mari, mon Epoux,
Juſqu'à tantôt cachez votre couroux ;
Dans le jardin attrapez-le vous-même :
Vous le pourrez trouver fort aiſément :
Le Poirier eſt à main gauche en entrant.
Mais il vous faut uſer de ſtratagême :
Prenez ma juppe, & contrefaites-vous ;
Vous entendrez ſon inſolence extrême :
Lors d'un bâton donnez-lui tant de coups,
Que le galant demeure ſur la place.
Je ſuis d'avis que le friponneau faſſe
Tel compliment à des femmes d'honneur.
L'Epoux retint cette leçon par cœur.
   Onc il ne fut plus forte dupe
Que ce Vieillard, bon homme au demeurant.
Le temps venu d'attraper le Galant,
Meſſire Bon ſe couvrit d'une juppe,
S'encorneta, courut incontinent
Dans le jardin, où ne trouva perſonne :
Garde n'avoit ; car tandis qu'il friſſonne,
Claque des dents, & meurt quaſi de froid,
Le Pelerin, qui le tout obſervoit,
Va voir la Dame, avec elle ſe donne
Tout le bon temps qu'on a, comme je croi,
Lors qu'amour ſeul étant de la partie,
Entre deux draps on tient femme jolie,

Femme

Femme jolie, & qui n'eſt point à ſoi.
Quand le Galant un aſſez bon eſpace
Avec la Dame eut été dans ce lieu,
Force lui fut d'abandonner la place:
Ce ne fut pas ſans le vin de l'adieu.
Dans le jardin il court en diligence.
Meſſire Bon rempli d'impatience
A tous momens ſa pareſſe maudit.
Le Pelerin, d'auſſi loin qu'il le vit,
Feignit de croire appercevoir la Dame.
Et lui cria: Quoi donc méchante femme,
A ton mari tu braſſois un tel tour!
Eſt-ce le fruit de ſon parfait amour?
Dieu ſoit témoin que pour toi j'en ai honte;
Et de venir ne tenois quaſi compte,
Ne te croyant le cœur ſi perverti,
Que de vouloir tromper un tel mari.
Or bien, je vois qu'il te faut un ami:
Trouvé ne l'as en moi, je t'en aſſure;
Si j'ai tiré ce rendez-vous de toi,
C'eſt ſeulement pour éprouver ta foi;
Et ne t'attends de m'induire à luxure:
Grand pécheur ſuis; mais j'ai là, Dieu merci,
De ton honneur encor quelque ſouci.
A Monſeigneur ferois-je un tel outrage?
Mais, foi de Dieu, ce bras te châtiera,
Et Monſeigneur puis après le ſçaura.
Pendant ces mots l'Epoux pleuroit de joye,
Et tout ravi diſoit entre ſes dents:
Loüé ſoit Dieu, dont la bonté m'envoye

Femme & valet ſi chaſtes, ſi prudens.
Ce ne fut tout : car à grands coups de gaule
Le Pelerin vous lui froiſſe une épaule ;
De horions laidement l'accoutra.
Juſqu'au logis ainſi le convoya.
Meſſire Bon eût voulu que le zéle
De ſon Valet n'eût été juſques-là ;
Mais le voyant ſi ſage & ſi fidéle,
Le bon hommeau des coups ſe conſola.
Dedans le lit ſa femme il retrouva,
Lui conta tout, en lui diſant : ma mie,
Quand nous pourrions vivre cent ans encor,
Ni vous ni moi n'aurions de notre vie
Un tel Valet : c'eſt ſans doute un tréſor.
Dans notre bourg je veux qu'il prenne femme :
A l'avenir traitez-le ainſi que moi.
Pas n'y faudrai, lui repartit la Dame ;
Et de ceci je vous donne ma foi.

LE MARI CONFESSEUR.

Conte tiré des cent Nouvelles Nouvelles.

MESSIRE Artus, ſous le grand Roi François,
Alla ſervir aux guerres d'Italie ;
Tant qu'il ſe vit, après maints beaux exploits,
Fait Chevalier en grand'cérémonie.
Son Général lui chauſſa l'éperon,
Dont il croyoit que le plus haut Baron
Ne lui dût plus conteſter le paſſage.
Si s'en revient tout fier en ſon Village,
Où ne ſurprit ſa femme en oraiſon.
Seule il l'avoit laiſſée à la maiſon :
Il la retrouve en bonne compagnie,
Danſant, ſautant, menant joyeuſe vie,
Et des Muguets avec elle à foiſon.
Meſſire Artus ne prit goût à l'affaire,
Et ruminant ſur ce qu'il devoit faire :

Depuis que j'ai mon Village quitté
Si j'étois crû, dit-il, en dignité
De cocuage & de chevalerie :
C'eſt moitié trop : ſçachons la verité.
Pour ce s'aviſe un jour de Confrérie,
De ſe vêtir en Prêtre, & confeſſer.
Sa femme vient à ſes pieds ſe placer.
De prime abord ſont par la bonne Dame
Expediés tous les péchés menus ;
Puis à leur tour les grands étant venus,
Force lui fut qu'elle changeât de game.
Pere, dit-elle, en mon lit ſont reçus
Un Gentilhomme, un Chevalier, un Prêtre.
Si le Mari ne ſe fût fait connoître,
Elle en alloit enfiler beaucoup plus :
Courte n'étoit pour sûr la Kyrielle.
Son Mari donc l'interrompt là-deſſus ;
Dont bien lui prit. Ah, dit-il, infidéle !
Un Prêtre même ! à qui crois-tu parler ?
A mon Mari, dit la fauſſe femelle,
Qui d'un tel pas ſe ſçut bien démêler.
Je vous ai vû dans ce lieu vous couler ;
Ce qui m'a fait douter du badinage.
C'eſt un grand cas, qu'étant homme ſi ſage,
Vous n'ayez ſçû l'énigme débroüiller.
On vous a fait, dites-vous, Chevalier :
Auparavant vous étiez Gentilhomme :
Vous êtes Prêtre avecque ces habits.
Benit ſoit Dieu, dit alors le bon-homme :
Je ſuis un ſot, de l'avoir ſi mal pris.

LE SAVETIER.

UN Savetier, que nous nommerons Blaiſe,
Prit belle femme, & fut très-aviſé.
Les bonnes gens qui n'étoient à leur aiſe,
S'en vont prier un Marchand peu ruſé,
Qu'il leur prêtât deſſous bonne promeſſe
My-muid de grain ; ce que le Marchand fait.
Le terme échû, ce créancier les preſſe ;
Dieu ſçait pourquoi : le galant, en effet,
Crut que par là baiſeroit la commere.
Vous avez trop dequoi me fatisfaire,
(Ce lui dit-il) & ſans débourſer rien :
Accordez-moi ce que vous ſçavez bien.
Je ſongerai, répond-elle, à la choſe.
Puis vient trouver Blaiſe tout auſſi-tôt,
L'avertiſſant de ce qu'on lui propoſe.
Blaiſe lui dit : Parbieu, femme, il nous faut

Sans coup ferir ratraper notre ſomme.
Tout de ce pas allez dire à cet homme
Qu'il peut venir, & que je n'y ſuis point.
Avant le coup demandez la cédule.
De la donner je ne crois qu'il recule :
Puis touſſerez, afin de m'avertir ;
Mais haut & clair, & plûtôt deux fois qu'une.
Lors de mon coin vous me verrez ſortir
Incontinent, de crainte de fortune.
Ainſi fut dit, ainſi s'executa ;
Dont le mari puis après ſe vanta ;
Si que chacun gloſoit ſur ce myſtere.
Mieux eût valu touſſer après l'affaire
(Dit à la Belle un des plus gros Bourgeois)
Vous euſſiez eu votre compte tous trois.
N'y manquez plus, ſauf après de ſe taire.
Mais qu'en eſt-il, orçà, Belle, entre-nous ?
Elle répond : Ah Monſieur ! croyez-vous
Que nous ayons tant d'eſprit que vos Dames ?
(Notez qu'illec avec deux autres femmes
Du gros Bourgeois l'épouſe étoit auſſi)
Je penſe bien, continua la Belle,
Qu'en pareil cas Madame en uſe ainſi :
Mais quoi, chacun n'eſt pas ſi ſage qu'elle.

LE PAYSAN.

Qui avoit offensé son Seigneur.

UN Païsan son Seigneur offensa.
L'Histoire dit que c'étoit bagatelle :
Et toutefois ce Seigneur le tença
Fort rudement ; ce n'est chose nouvelle :
Coquin, dit-il, tu mérites la hard :
Fai ton calcul d'y venir tôt ou tard ;
C'est une fin à tes pareils commune.
Mais je suis bon ; & de trois peines l'une
Tu peus choisir : ou de manger trente aulx,
J'entends sans boire, & sans prendre repos ;
Ou de souffrir trente bons coups de gaules
Bien appliqués sur tes larges épaules,
Ou de payer sur le champ cent écus.
Le Païsan consultant là-dessus :

Trente aulx ſans boire ! ah, dit-il, en ſoi-même,
Je n'appris onc à les manger ainſi.
Je ne le puis ſans un péril extrême.
Les cent écus, c'eſt le pire de tous.
Incertain donc il ſe mit à genoux,
Et s'écria. Pour Dieu, miſericorde :
Son Seigneur dit : Qu'on aporte une corde.
Quoi le Galant m'oſe répondre encor ?
Le Païſan, de peur qu'on ne le pende,
Fait choix de l'ail : & le Seigneur commande
Que l'on en cueille, & ſur-tout du plus fort.
Un après un, lui-même il fait le compte :
Puis quand il voit que ſon calcul ſe monte
A la trentaine, il les mit dans un plat ;
Et cela fait, le malheureux pied-plat
Prend le plus gros, en pitié le regarde ;
Mange, & rechigne, ainſi que fait un chat ;
Dont les morceaux ſont frotés de moûtarde.
Il n'oſeroit de la langue y toucher.
Son Seigneur rit, & ſur-tout il prend garde
Que le Galant n'avale ſans mâcher.
Le premier paſſe, auſſi fait le deuxiéme,
Au tiers il dit. Que le diable y ait part.
Bref il en fut à grand'peine au douziéme ;
Que s'écriant, Haro, la gorge m'ard ;
Tôt, tôt, dit-il, que l'on m'aporte à boire ;
Son Seigneur dit : Ah, ah, ſire Gregoire,
Vous avez ſoif ! je vois qu'en vos repas
Vous humectez volontiers le lampas :
Or bûvez donc & bûvez à votre aiſe ;

Bon

Bon prou vous fasse : hola, du vin, hola.
Mais mon ami, qu'il ne vous en déplaise,
Il vous faudra choisir après cela
Des cent écus, ou de la bastonnade,
Pour suppléer au défaut de l'aillade.
Qu'il plaise donc, dit l'autre, à vos bontés,
Que les aulx soient sur les coups précontés :
Car pour l'argent, par trop grosse est la somme :
Où la trouver, moi qui suis un pauvre homme ?
Hé bien, souffrez les trente horions,
Dit le Seigneur : mais laissons les oignons.
Pour prendre cœur le Vassal en sa panse
Loge un long trait, se munit le dedans :
Puis souffre un coup avec grande constance.
Au deux il dit : Donnez-moi patience,
Mon doux Jesus, en tous ces accidens.
Le tiers est rude : il en grince les dents,
Se courbe tout, & saute de sa place.
Au quart il fait une horrible grimace,
Au cinq un cri : mais il n'est pas au bout ;
Et c'est grand cas, s'il peut digérer tout.
On ne vit onc si cruelle avanture.
Deux forts gaillards ont chacun un bâton,
Qu'ils font tomber par poids & par mesure,
En observant la cadence & le ton :
Le malheureux n'a rien qu'une chanson.
Grace, dit-il : mais las ! point de nouvelle ;
Car le Seigneur fait frapper de plus belle,
Juge des coups, & tient sa gravité,
Disant toûjours qu'il a trop de bonté.

Le pauvre diable enfin craint pour ſa vie.
Après vingt coups, d'un ton piteux il crie :
Pour Dieu ceſſez ; helas ! je n'en puis plus.
Son Seigneur dit : Payez donc cent écus,
Net & comptant : je ſçai qu'à la deſſerre
Vous êtes dur ; j'en ſuis fâché pour vous.
Si tout n'eſt prêt, votre compere Pierre
Vous en peut bien aſſiſter entre nous.
Mais pour ſi peu vous ne vous feriez tondre.
Le malheureux n'oſant preſque répondre,
Court au magot, & dit, c'eſt tout mon fait ;
On examine, on prend un trébuchet.
L'eau cependant lui coule de la face :
Il n'a point fait encor telle grimace.
Mais que lui ſert ? il convient tout payer,
C'eſt grand'pitié quand on fâche ſon Maître.
Ce Païſan eut beau s'humilier,
Et pour un fait aſſez leger peut-être ;
Il ſe ſentit enflâmer le goſier,
Vuider la bourſe, émoucher les épaules ;
Sans qu'il lui fût deſſus les cent écus,
Ni pour les aulx, ni pour les coups de gaules,
Fait ſeulement grace d'un carolus.

LE MULETIER.

Nouvelle tirée de Bocace.

UN Roi Lombard (les Rois de ce Pays
Viennent ſouvent s'offrir à ma mémoire)
Ce dernier-ci, dont parle en ſes écrits
Maître Bocace Auteur de cette Hiſtoire,
Portoit le nom d'Agiluf en ſon tems.
Il épouſa Teudelingue la Belle,
Veuve du Roi dernier, mort ſans enfans;
Lequel laiſſa l'Etat ſous la tutelle
De celui-ci, Prince ſage & prudent.
Nulle beauté n'étoit alors égale
A Teudelingue ; & la couche Royale
De part & d'autre étoit aſſurément
Auſſi complette, autant bien aſſortie
Qu'elle fut onc : quand Meſſer Cupidon

En badinant fit cheoir de ſon brandon
Chez Agiluf, droit deſſus l'écurie,
Sans prendre garde, & ſans ſe ſoucier
En quel endroit; dont avecque furie
Le feu ſe prit au cœur d'un Muletier.
Ce Muletier étoit homme de mine,
Et démentoit en tout ſon origine,
Bien fait & beau, même ayant du bon ſens.
Bien le montra : car s'étant de la Reine
Amouraché, quand il eut quelque tems
Fait ſes efforts, & mis toute ſa peine
Pour ſe guérir, ſans pouvoir rien gagner;
Le Compagnon fit un tour d'homme habile.
Maître ne ſçait meilleur pour enſeigner
Que Cupidon : l'ame la moins ſubtile
Sous ſa férule apprend plus en un jour,
Qu'un Maître ès Arts en dix ans aux écoles.
Aux plus groſſiers, par un chemin bien court,
Il ſçait montrer les tours & les paroles.
Le preſent Conte en eſt un bon témoin.
Notre amoureux ne ſongeoit près ni loin,
Dedans l'abord, à joüir de ſa mie.
Se déclarer de bouche ou par écrit
N'étoit pas sûr. Si ſe mit dans l'eſprit,
Mourût ou non, d'en paſſer ſon envie,
Puis qu'auſſi bien plus vivre ne pouvoit;
Et mort pour mort toûjours mieux lui valoit,
Auparavant que ſortir de la vie,
Eprouver tout, & tenter le hazard.
L'uſage étoit chez le peuple Lombard,

Que quand le Roi, qui faiſoit lit à part,
Comme tous font, vouloit avec ſa femme
Aller coucher, ſeul il ſe preſentoit
Preſque en chemiſe, & ſur ſon dos n'avoit
Qu'une ſimarre : à la porte il frapoit
Tout doucement; auſſi-tôt une Dame
Ouvroit ſans bruit, & le Roi lui mettoit
Entre les mains la clarté qu'il portoit;
Clarté n'ayant grand'lueur ni grand'flâme.
D'abord la Dame éteignoit en ſortant
Cette clarté : c'étoit le plus ſouvent
Une lanterne ou de ſimples bougies :
Chaque Royaume a ſes cérémonies.
Le Muletier remarqua celle-ci;
Ne manqua pas de s'ajuſter ainſi;
Se preſenta comme c'étoit l'uſage,
S'étant caché quelque peu le viſage.
La Dame ouvrit, dormant plus d'à demi.
Nul cas n'étoit à craindre en l'avanture,
Fors que le Roi ne vînt pareillement.
Mais ce jour-là s'étant heureuſement
Mis à chaſſer, force étoit que nature
Pendant la nuit cherchât quelque repos.
Le Muletier frais, gaillard, & diſpos,
Et parfumé, ſe coucha ſans rien dire.
Un autre point, outre ce qu'avons dit,
C'eſt qu'Agiluf, s'il avoit en l'eſprit
Quelque chagrin, ſoit touchant ſon Empire,
Ou ſa famille, ou pour quelque autre cas,
Ne ſonnoit mot en prenant ſes ébats.

A tout cela Teudelingue étoit faite.
Notre Amoureux fournit plus d'une traite :
Un Muletier à ce jeu vaut trois Rois.
Dont Teudelingue entra par plusieurs fois
En pensement ; & crut que la colere
Rendoit le Prince, outre son ordinaire,
Plein de transport, & qu'il n'y songeoit pas.
En ses presens le Ciel est toûjours juste :
Il ne départ à gens de tous états
Mêmes talens. Un Empereur Auguste
A les vertus propres pour commander :
Un Avocat sçait les points décider :
Au jeu d'Amour le Muletier fait rage :
Chacun son fait ; nul n'a tout en partage.

Notre Galant s'étant diligenté,
Se retira sans bruit & sans clarté
Devant l'Aurore. Il en sortoit à peine,
Lors qu'Agiluf alla trouver la Reine :
Voulut s'ébattre, & l'étonna bien fort.
Certes, Monsieur, je sçais bien, lui dit-elle,
Que vous avez pour moi beaucoup de zele ;
Mais de ce lieu vous ne faites encor
Que de sortir : même outre l'ordinaire
En avez pris, & beaucoup plus qu'assez.
Pour Dieu, Monsieur, je vous prie, avisez
Que ne soit trop : votre santé m'est chere.
Le Roi fut sage, & se douta du tour ;
Ne sonna mot, descendit dans la cour,
Puis de la cour entra dans l'écurie ;

Jugeant en lui que le cas provenoit
D'un Muletier, comme l'on lui parloit.
Toute la troupe étoit lors endormie,
Fors le Galant qui trembloit pour sa vie.
Le Roi n'avoit lanterne ni bougie.
En tâtonnant il s'approcha de tous;
Crut que l'auteur de cette tromperie
Se connoîtroit au battement du poux.
Pas ne faillit dedans sa conjecture :
Et le second qu'il tâta d'avanture,
Etoit son homme, à qui d'émotion,
Soit pour la peur, ou soit pour l'action,
Le cœur battoit, & le poux tout ensemble;
Ne sçachant pas où devoit aboutir
Tout ce mistere, il feignoit de dormir.
Mais quel sommeil! Le Roi, pendant qu'il tremble,
En certain coin va prendre des ciseaux,
Dont on coupoit le crin à ses chevaux.
Faisons, dit-il, au Galant une marque,
Pour le pouvoir demain connoître mieux.
Incontinent de la main du Monarque
Il se sent tondre. Un toupet de cheveux
Lui fut coupé, droit vers le front du sire;
Et cela fait, le Prince se retire.
Il oublia de serrer le toupet;
Dont le Galant s'avisa d'un secret,
Qui d'Agiluf gâta le stratagême.
Le Muletier alla sur l'heure même
En pareil lieu tondre ses compagnons.
Le jour venu, le Roi vit ces garçons

Sans poil au front. Lors le Prince en ſon ame :
Qu'eſt-ceci donc ! qui croiroit que ma femme
Auroit été ſi vaillante au déduit ?
Quoi Teudelingue a-t-elle cette nuit
Fourni d'ébat à plus de quinze ou ſeize ?
Autant en vit vers le front de tondus.
Or bien, dit-il, qui l'a fait ſi ſe taiſe :
Au demeurant, qu'il n'y retourne plus.

LA SERVANTE JUSTIFIE'E.

Nouvelle tirée des Contes de la Reine de Navarre.

BOCACE n'eſt le ſeul qui me fournit:
Je vas par fois en une autre boutique.
Il eſt bien vrâi que ce divin eſprit
Plus que pas un me donne de pratique.
Mais comme il faut manger de plus d'un pain,
Je puiſe encore en un vieux magazin;
Vieux, des plus vieux, où Nouvelles nouvelles
Sont juſqu'à cent, bien déduites & belles
Pour la plûpart, & de très-bonne main.
Pour cette fois la Reine de Navarre
D'un c'étoit moi, naïf autant que rare,
Entretiendra dans ces Vers le Lecteur.

BnF ARS

Voici le fait, quiconque en ſoit l'Auteur.
J'y mets du mien ſelon les occurences :
C'eſt ma coutume ; & ſans telles licences,
Je quitterois la charge de conteur.

Un homme donc avoit belle ſervante :
Il la rendit au jeu d'amour ſçavante.
Elle étoit fille à bien armer un lit,
Pleine de ſuc, & donnant appétit ;
Ce qu'on appelle en François bonne robbe.
Par un beau jour cet homme ſe dérobe
D'avec ſa femme ; & d'un très-grand matin
S'en va trouver ſa Servante au jardin ;
Elle faiſoit un bouquet pour Madame :
C'étoit ſa feſte. Voyant donc de ſa femme
Le bouquet fait, il commence à loüer
L'aſſortiment, tâche à s'inſinuer :
S'inſinuer en fait de Chambriere,
C'eſt proprement couler ſa main au ſein.
Ce qui fut fait. La Servante ſoudain
Se défendit : mais de quelle maniere ?
Sans rien gâter : c'étoit une façon
Sur le marché : bien ſçavoit ſa leçon.
La Belle prend les fleurs, qu'elle avoit miſes
En un monceau, les jette au compagnon.
Il la baiſa pour en avoir raiſon
Tant & ſi bien, qu'ils en vinrent aux priſes.
En cet étrif la Servante tomba.
Lui d'en tirer auſſi-tôt avantage.
Le malheur fut que tout ce beau ménage

Fut découvert d'un logis près de là :
Nos gens n'avoient pris garde à cette affaire.
Une voisine apperçut le mystere.
L'Epoux la vit, je ne sçai pas comment :
Nous voilà pris, dit-il, à sa Servante.
Notre voisine est languarde & méchante ;
Mais ne soyez en crainte aucunement.
Il va trouver sa femme en ce moment :
Puis fait si bien que s'étant éveillée,
Elle se leve ; & sur l'heure habillée,
Il continuë à joüer son rollet :
Tant qu'à dessein d'aller faire un bouquet ;
La pauvre Epouse au jardin est menée.
Là fut par lui procedé de nouveau.
Même débat, même jeu se commence.
Fleurs de voler : tetons d'entrer en danse.
Elle y prit goût ; le jeu lui sembla beau.
Somme que l'herbe en fut encor froissée.
La pauvre Dame alla l'après-dinée
Voir sa voisine, à qui ce secret là
Chargeoit le cœur : elle se soulagea
Tout dès l'abord. Je ne puis ma commere,
Dit cette femme avec un front severe,
Laisser passer sans vous en avertir
Ce que j'ai vû. Voulez-vous vous servir
Encor long-tems d'une fille perduë ?
A coups de pieds, si j'étois que de vous,
Je l'envoyerois ainsi qu'elle est venuë.
Comment ! elle est aussi brave que nous.
Or bien ; je sçais celui de qui procede

Cette piafe ; apportez-y remede
Tout au plûtôt : car je vous avertis
Que ce matin étant à la fenêtre,
Ne sçais pourquoi, j'ai vû de mon logis
Dans son jardin votre mari paroître,
Puis la Galante ; & tous deux se sont mis
A se jetter quelques fleurs à la tête.
Sur ce propos l'autre l'arrêta, coi :
Je vous entends, dit-elle, c'étoit moi.

La Voisine.

Voire ! écoutez le reste de la fête :
Vous ne sçavez où je veux en venir.
Les bonnes gens se sont pris à cueillir
Certaines fleurs que baisers on appelle.

La Femme.

C'est encor moi que vous preniez pour elle.

La Voisine.

Du jeu des fleurs à celui des tétons
Ils sont passés, après quelques façons :
A pleine main on les a laissé prendre.

La Femme.

Et pourquoi non ? c'étoit moi : votre Epoux
N'a-t-il pas donc les mêmes droits sur vous ?

La Voisine.

Cette personne enfin sur l'herbe tendre
Est trébuchée, & comme je le croi,
Sans se blesser ; vous riez !

La Femme.

C'étoit moi.

La Voisine.

Un cotillon a paré la verdure.

La Femme.

C'étoit le mien.

La Voisine.

Sans vous mettre en couroux ;

Qui le portoit de la fille ou de vous ?
C'est-là le point ; car Monsieur votre Epoux
Jusques au bout a poussé l'avanture.

La Femme.

Qui ? c'étoit moi : votre tête est bien dure.

La Voisine.

Ah ! c'est assez. Je ne m'informe plus :
J'ai pourtant l'œil assez bon, ce me semble :
J'aurois juré que je les avois vûs
En ce lieu-là se divertir ensemble :
Mais excusez, & ne la chassez pas.

La Femme.

Pourquoi chasser ? j'en suis très-bien servie.

La Voisine.

Tant pis pour vous : c'est justement le cas.
Vous en tenez ma commere ma mie.

LA GAGEURE
DES
TROIS COMMERES.

Où sont deux Nouvelles tirées de Bocace.

APRE's bon vin, trois Commeres un jour
S'entretenoient de leurs tours & proüesses;
Toutes avoient un ami par amour,
Et deux étoient au logis les Maitresses.
L'une disoit : J'ai le roi des maris :
Il n'en est point de meilleur dans Paris.
Sans son congé je vas par tout m'ébattre.
Avec ce tronc j'en ferois un plus fin.
Il ne faut pas se lever trop matin,
Pour lui prouver que trois & deux font quatre.

Par mon ſerment, dit une autre auſſi-tôt,
Si je l'avois, j'en ferois une étreine ;
Car quant à moi, du plaiſir ne me chaut,
A moins qu'il ſoit mêlé d'un peu de peine.
Votre Epoux va tout ainſi qu'on le méne :
Le mien n'eſt tel, j'en rends graces à Dieu.
Bien ſçauroit prendre & le tems & le lieu
Qui tromperoit à ſon aiſe un tel homme.
Pour tout cela ne croyez que je chomme.
Le paſſe-tems en eſt d'autant plus doux :
Plus grand en eſt l'amour des deux parties ;
Je ne voudrois contre aucune de vous,
Qui vous vantez d'être ſi bien loties,
Avoir troqué de Galant ni d'Epoux.
Sur ce débat la troiſiéme Commere
Les mit d'accord : car elle fut d'avis
Qu'Amour ſe plaît avec les bons maris ;
Et veut auſſi quelque peine legere.

Ce point vuidé, le propos s'échauffant,
Et d'en conter toutes trois triomphant,
Celle-ci dit : Pourquoi tant de paroles ?
Voulez-vous voir qui l'emporte de nous ?
Laiſſons à part les diſputes frivoles ;
Sur nouveaux frais attrapons nos Epoux.
Le moins bon tour payera quelque amende.
Nous le voulons, c'eſt ce que l'on demande,
Dirent les deux. Il faut faire ſerment,
Que toutes trois, ſans nul déguiſement,
Rapporterons, l'affaire étant paſſée,

Le cas au vrai : puis pour le jugement
On en croira la Commere Macée.
Ainsi fut dit, ainsi l'on s'accorda.
Voici comment chacune y procéda.

Celle des trois qui plus étoit contrainte,
Aimoit alors un beau jeune garçon,
Frais, délicat, & sans poil au menton;
Ce qui leur fit mettre en jeu cette feinte :
Les pauvres gens n'avoient de leurs Amours
Encor joüi, sinon par échapées :
Toujours faloit forger de nouveaux tours,
Toujours chercher des maisons empruntées ;
Pour plus à l'aise ensemble se joüer.
La bonne Dame habille en chambriere,
Le jouvenceau, qui vient pour se loüer,
D'un air modeste, & baissant la paupiere.
Du coin de l'œil l'Epoux la regardoit,
Et dans son cœur déja se proposoit
De rehausser le linge de la fille.
Bien lui sembloit, en la considerant,
N'en avoir vû jamais de si gentille.
On la retient, avec peine pourtant :
Belle servante, & mari vert Galant,
C'étoit matiere à feindre du scrupule.
Les premiers jours le mari dissimule,
Détourne l'œil, & ne fait pas semblant
De regarder sa Servante nouvelle.
Mais tôt après il tourna tant la Belle,
Tant lui donna, tant encor lui promit,

Qu'elle

Qu'elle feignit à la fin de ſe rendre ;
Et de jeu fait, à deſſein de le prendre,
Un certain ſoir la Galante lui dit :
Madame eſt mal, & ſeule elle veut être
Pour cette nuit : incontinent le Maître
Et la Servante ayant fait leur marché,
S'en vont au lit, & le drôle couché,
Elle en cornette, & dégrafant ſa jupe,
Madame vient. Qui fut bien empéché ?
Ce fut l'Epoux, cette fois pris pour dupe.
Oh, oh, lui dit la Commere en riant,
Votre ordinaire eſt donc trop peu friant
A votre goût ; & par ſaint Jean, beau Sire,
Un peu plûtôt vous me le deviez dire :
J'aurois chez moi toûjours eu des tendrons.
De celle-ci pour certaines raiſons
Vous faut paſſer ; cherchez autre avanture.
Et vous, la belle au deſſein ſi gaillard,
Merci de moi, Chambriere d'un liard,
Je vous rendrai plus noire qu'une mûre.
Il vous faut donc du même pain qu'à moi :
J'en ſuis d'avis, non pourtant qu'il m'en chaille,
Ni qu'on ne puiſſe en trouver qui le vaille ;
Graces à Dieu, je crois avoir dequoi
Donner encore à quelqu'un dans la vûë :
Je ne ſuis pas à jetter dans la ruë.
Laiſſons ce point ; je ſçais un bon moyen :
Vous n'aurez plus d'autre lit que le mien.
Voyez un peu ; diroit-on qu'elle y touche ?
Vîte, marchons, que du lit où je couche

Sans marchander on prenne le chemin.
Vous chercherez vos besognes demain.
Si ce n'étoit le scandale & la honte,
Je vous mettrois dehors en cet état.
Mais je suis bonne, & ne veux point d'éclat:
Puis je rendrai de vous un très-bon compte
A l'avenir, & vous jure ma foi,
Que nuit & jour vous serez près de moi.
Qu'ai-je besoin de me mettre en alarmes,
Puis que je puis empêcher tous vos tours?
La Chambriere écoutant ce discours,
Fait la honteuse, & jette une ou deux larmes,
Prend son paquet, & sort sans consulter;
Ne se le fait par deux fois répéter,
S'en va joüer un autre personnage,
Fait au logis deux métiers tour à tour:
Galant de nuit, Chambriere de jour,
En deux façons elle a soin du ménage.
Le pauvre Epoux se trouve tout heureux,
Qu'à si bon compte il en ait été quitte.
Lui couché seul, notre couple Amoureux
D'un temps si doux à son aise profite:
Rien ne s'en perd, & des moindres momens
Bons ménagers furent nos deux Amans,
Sçachant très-bien que l'on n'y revient guéres.
Voilà le tour de l'une des Commeres.

L'autre, de qui le mari croyoit tout,
Avecque lui sous un poirier assise,
De son dessein vint aisément à bout.

En peu de mots j'en vas conter la guiſe.
Leur grand Valet près d'eux étoit debout,
Garçon bien fait, beau parleur, & de miſe,
Et qui faiſoit les Servantes troter.
La Dame dit : Je voudrois bien goûter
De ce fruit-là : Guillot, monte & ſecouë
Notre poirier. Guillot monte à l'inſtant.
Grimpé qu'il eſt, le drôle fait ſemblant
Qu'il lui paroît que le mari ſe jouë
Avec ſa femme : auſſi-tôt le Valet
Frotant ſes yeux, comme étonné du fait,
Vraiment, Monſieur, commence-t-il à dire,
Si vous vouliez Madame careſſer,
Un peu plus loin, vous pouviez aller rire,
Et moi preſent, du moins vous en paſſer.
Ceci me cauſe une ſurpriſe extrême :
Devant les gens prendre ainſi vos ébats !
Si d'un Valet vous ne faites nul cas,
Vous vous devez du reſpect à vous-même.
Quel taon vous point ? attendez à tantôt ;
Ces privautés en ſeront plus friandes :
Tout auſſi-bien, pour le temps qu'il vous faut,
Les nuits d'Eté ſont encor aſſez grandes.
Pourquoi ce lieu ? vous avez pour cela
Tant de bons lits, tant de chambres ſi belles.
La Dame dit : Que conte celui-là,
Je crois qu'il rêve : où prend-il ces nouvelles ?
Qu'entend ce fol avecque ſes ébats ?
Deſcend, deſcend, mon ami, tu verras.
Guillot deſcend. Hé bien, lui dit ſon Maître,

Nous joüons-nous ?

Guillot.

Non pas pour le present.

Le Mari.

Pour le present !

Guillot.

Oüi, Monsieur, je veux être
Ecorché vif, si tout incontinent
Vous ne baisiez Madame sur l'herbette.

La Femme.

Mieux te vaudroit laisser cette sornette ;
Je te le dis, car elle sent les coups.

Le Mari.

Non, non, ma mie, il faut qu'avec les foûs
Tout de ce pas par mon ordre on le mette.

Guillot.

Est-ce être fou, que de voir ce qu'on voit ?

La Femme.

Et qu'as-tu vû ?

Guillot.

J'ai vû, je le répéte,
Vous & Monsieur, qui dans ce même endroit
Joüiez tous deux au doux jeu d'Amourette,
Si ce poirier n'est peut-être charmé.

La Femme.

Voire, charmé : tu nous fais un beau conte.

Le Mari.

Je le veux voir vraiment ; faut que j'y monte ;
Vous en sçaurez bien-tôt la vérité.
Le Maître à peine est sur l'arbre monté,

Que le Valet embraſſe la Maîtreſſe.
L'Epoux, qui voit comme l'on ſe careſſe,
Crie, & deſcend en grand'hâte auſſi-tôt.
Il ſe rompit le col, ou peu s'en faut,
Pour empêcher la ſuite de l'affaire :
Et toutefois il ne put ſi bien faire ;
Que ſon honneur ne reçût quelque échec.
Comment, dit-il, quoi même à mon aſpect !
Devant mon nez ! à mes yeux ! Sainte Dame !
Que vous faut-il ? qu'avez-vous ? dit la femme.

Le Mari.

Oſes-tu bien le demander encor ?

La Femme.

Et pourquoi non ?

Le Mari.

Pourquoi ? n'ai-je pas tort
De t'accuſer de cette effronterie ?

La Femme.

Ah ! ç'en eſt trop, parlez mieux, je vous prie.

Le Mari.

Quoi, ce coquin ne te careſſoit pas ?

La Femme.

Moi ? vous rêvez.

Le Mari.

D'où viendroit donc ce cas ?
Ai-je perdu la raiſon, ou la vûë ?

La Femme.

Me croyez-vous de ſens ſi dépourvûë,
Que devant vous je commiſſe un tel tour ?
Ne trouverois-je aſſez d'heures au jour

Pour m'égayer, ſi j'en avois envie ?

Le Mari.

Je ne ſçai plus ce qu'il faut que j'y die.
Notre Poirier m'abuſe aſſurément.
Voyons encor. Dans le même moment
L'Epoux remonte, & Guillot recommence.
Pour cette fois le mari voit la danſe
Sans ſe fâcher, & deſcend doucement.
Ne cherchez plus, leur dit-il, d'autres cauſes,
C'eſt ce poirier, il eſt enſorcelé.
Puis qu'il fait voir de ſi vilaines choſes,
Reprit la femme, il faut qu'il ſoit brûlé.
Cours au logis, dis qu'on le vienne abattre :
Je ne veux plus que cet arbre maudit
Trompe les gens. Le Valet obéït.
Sur le pauvre arbre ils ſe mettent à quatre,
Se demandant l'un l'autre ſourdement,
Quel ſi grand crime a ce poirier pû faire ?
La Dame dit : Abattez ſeulement ;
Quant au ſurplus ce n'eſt pas votre affaire.
Par ce moyen la ſeconde Commere
Vint au-deſſus de ce qu'elle entreprit.
Paſſons au tour que la troiſiéme fit.
Les rendez-vous chez quelque bonne amie
Ne lui manquoient, non plus que l'eau du puits.
Là tous les jours étoient nouveaux déduits :
Notre Donzelle y tenoit ſa partie.
Un ſien Amant étant lors de quartier,
Ne croyant pas qu'un plaiſir fût entier,
S'il n'étoit libre, à la Dame propoſe

De ſe trouver ſeuls enſemble une nuit.
Deux, lui dit-elle, & pour ſi peu de choſe
Vous ne ſerez nullement éconduit:
Ni de par moi ne manquera l'affaire.
De mon mari je ſçaurai me défaire
Pendant ce tems. Auſſi-tôt fait que dit.
Bon beſoin eut d'être femme d'eſprit:
Car pour Epoux elle avoit pris un homme
Qui ne faiſoit en voyages grands frais.
Il n'alloit pas querir pardons à Rome,
Quand il pouvoit en rencontrer plus près.
Tout au rebours de la bonne Donzelle,
Qui pour montrer ſa ferveur & ſon zéle,
Toûjours alloit au plus loin s'en pourvoir.
Pelerinage avoit fait ſon devoir
Plus d'une fois; mais c'étoit le vieux ſtile:
Il lui falloit, pour ſe faire valoir,
Choſe qut fût plus rare & moins facile.
Elle s'attache à l'orteil dès le ſoir.
Un brin de fil, qui rendoit à la porte
De la maiſon; & puis ſe va coucher
Droit au côté d'Henriet Berlinguier.
(On appelloit ſon mari de la ſorte)
Elle fit tant qu'Henriet ſe tournant
Sentit le fil. Auſſi-tôt il ſoupçonne
Quelque deſſein, & ſans faire ſemblant
D'être éveillé, ſur ce fait il raiſonne:
Se leve enfin, & ſort tout doucement;
De bonne foi ſon Epouſe dormant,
Ce lui ſembloit: ſuit le fil dans la ruë,

Conclut de-là que l'on le trahiſſoit ;
Que quelque Amant que la Donzelle avoit,
Avec ce fil par le pied la tiroit,
L'avertiſſant ainſi de ſa venuë :
Que la Galante auſſi-tôt deſcendoit,
Tandis que lui pauvre mari dormoit.
Car autrement, pourquoi ce badinage ?
Il faloit bien que Meſſer cocuage
Le viſitât : honneur dont à ſon ſens
Il ſe ſeroit paſſé le mieux du monde.
Dans ce penſer il s'arme juſqu'aux dents ;
Hors la maiſon fait le guet & la ronde,
Pour attraper quiconque tirera
Le brin de fil. Or le Lecteur ſçaura
Que ce logis avoit ſur le derriére
Dequoi pouvoir introduire l'ami :
Il le fut donc par une Chambriere.
Tout domeſtique en trompant un mari
Penſe gagner indulgence pleniere.
Tandis qu'ainſi Berlinguier fait le guet,
La bonne Dame, & le jeune Muguet
En ſont aux mains, & Dieu ſçait la maniére.
En grand ſoulas cette nuit ſe paſſa ;
Dans leurs plaiſirs rien ne les traverſa.
Tout fut des mieux, graces à la Servante ;
Qui fit ſi bien devoir de ſurveillante,
Que le Galant tout à temps délogea.
L'Epoux revint quand le jour approcha ;
Reprit ſa place, & dit que la migraine
L'avoit contraint d'aller coucher en haut.

Deux

Deux jours après la Commere ne faut
De mettre un fil : Berlinguier auſſi-tôt
L'ayant ſenti, rentre en la même peine,
Court à ſon poſte, & notre Amant au ſien.
Renfort de joye : on s'en trouva ſi bien,
Qu'encore un coup on pratiqua la ruſe ;
Et Berlinguier prenant le même excuſe
Sortit encore, & fit place à l'Amant.
Autre renfort de tout contentement.
On s'en tint là. Leur ardeur refroidie,
Il en falut venir au dénoüement ;
Trois actes eut, ſans plus, la Comedie.
Sur le minuit l'Amant s'étant ſauvé,
Le brin de fil auſſi-tôt fut tiré
Par un des ſiens, ſur qui l'Epoux ſe ruë,
Et le contraint, en occupant la ruë,
D'entrer chez lui, le tenant au collet,
Et ne ſçachant que ce fût un Valet.
Bien à propos lui fut donné le change.
Dans le logis eſt un vacarme étrange.
La femme accourt au bruit que fait l'Epoux.
Le Compagnon ſe jette à leurs genoux ;
Dit qu'il venoit trouver la Chambriere ;
Qu'avec ce fil il la tiroit à ſoy,
Pour faire ouvrir ; & que depuis n'aguere
Tous deux s'étoient entredonnés la foy.
C'eſt donc cela, pourſuivit la Commere ;
En s'adreſſant à la fille, en colere,
Que l'autre jour je vous vis à l'orteil
Un brin de fil : je m'en mis un pareil

Pour attraper avec ce ſtratagême
Votre Galant. Or bien, c'eſt votre Epoux.
A la bonne heure : il faut cette nuit même
Sortir d'ici. Berlinguier fut plus doux,
Dit qu'il faloit au lendemain attendre.
On les dota l'un & l'autre amplement ;
L'époux, la fille, & le valet, l'amant :
Puis au moûtier le couple s'alla rendre ;
Se connoiſſant tous deux de plus d'un jour.
Ce fut la fin qu'eut le troiſiéme tour.

Lequel vaut mieux ; Pour moi, je m'en rapporte.
Macée ayant pouvoir de décider,
Ne ſçut à qui la victoire accorder ;
Tant cette affaire à réſoudre étoit forte.
Toutes avoient eu raiſon de gager :
Le procès pend, & pendra de la ſorte
Encor long-temps, comme l'on peut juger.

LE CALENDRIER DES VIEILLARDS.

Nouvelle tirée de Bocace.

PLUS d'une fois je me ſuis étonné,
Que ce qui fait la paix du mariage
En eſt le point le moins conſideré.
Lors que l'on met une fille en ménage,
Les pere & mere ont pour objet le bien;
Tout le ſurplus, ils le comptent pour rien;
Jeunes tendrons à Vieillards apartient:
Et cependant je voi qu'ils ſe ſoucient
D'avoir chevaux à leur Char attelés
De même taille, & mêmes chiens couplés;
Ainſi des bœufs, qui de force pareille
Sont toûjours pris: car ce ſeroit merveille,

Si ſans cela la charruë alloit bien.
Comment pourroit celle du mariage
Ne mal aller, étant un attelage
Qui bien ſouvent ne ſe rapporte en rien?
J'en vas conter un exemple notable.

On ſçait qui fut Richard de Quinzica,
Qui mainte Fête à ſa femme allégua,
Mainte vigile, & maint jour fériable,
Et du devoir crut s'échaper par-là.
Très-lourdement il erroit en cela.
Cettui Richard étoit Juge dans Piſe,
Homme ſçavant en l'étude des loix,
Riche d'ailleurs; mais dont la barbe griſe
Montroit aſſez qu'il devoit faire choix
De quelque femme à peu près de même âge:
Ce qu'il ne fit, prenant en mariage
La mieux ſéante, & la plus jeune d'ans
De la Cité, fille bien alliée,
Belle ſur-tout: c'étoit Bartholomée
De Galandi, qui parmi ſes parens
Pouvoit compter les plus gros de la ville.
En ce ne fit Richard tour d'homme habile;
Et l'on diſoit communément de lui,
Que ſes enfans ne manqueroient de peres.
Tel fait métier de conſeiller autrui,
Qui ne voit goutte en ſes propres affaires.
Quinzica donc n'ayant de quoi ſervir
Un tel oiſeau qu'étoit Bartholomée,
Pour s'excuſer, & pour la contenir,

Ne rencontroit point de jour en l'année,
Selon ſon compte & ſon Calendrier,
Où l'on ſe pût ſans ſcrupule appliquer
Au fait d'Hymen: choſe aux vieillards commode,
Mais dont le ſexe abhorre la méthode.
Quand je dis, point, je veux dire, très-peu:
Encor ce peu lui donnoit de la peine.
Toute en férie il mettoit la ſemaine;
Et bien ſouvent faiſoit venir en jeu
Saint qui ne fut jamais dans la légende.
Le Vendredi, diſoit-il, nous demande
D'autres penſers, ainſi que chacun ſçait:
Pareillement il faut que l'on retranche
Le Samedi, non ſans juſte ſujet,
D'autant que c'eſt la veille du Dimanche.
Pour ce dernier, c'eſt un jour de repos.
Quand au Lundi, je ne trouve à propos
De commencer par ce point la ſemaine;
Ce n'eſt le fait d'une ame bien Chrétienne.
Les autres jours autrement s'excuſoit:
Et quand venoit aux fêtes ſolemnelles,
C'étoit alors que Richard triomphoit,
Et qu'il donnoit les leçons les plus belles.
Long-temps devant toûjours il s'abſtenoit;
Long-temps après il en uſoit de même;
Aux Quatre-Temps autant il en faiſoit;
Sans oublier l'Avent ni le Carême.
Cette faiſon pour le Vieillard étoit
Un temps de Dieu, jamais ne s'en laſſoit:
De Patrons même il avoit une liſte.

Point de quartier pour un Evangeliste,
Pour un Apôtre, ou bien pour un Docteur:
Vierge n'étoit, Martyr & Confesseur
Qu'il ne chommât: tous les sçavoit par cœur.
Que s'il étoit au bout de son scrupule,
Il alléguoit les jours malencontreux,
Puis les broüillars, & puis la canicule,
De s'excuser n'étant jamais honteux.
La chose ainsi presque toujours égale,
Quatre fois l'an, de grace speciale,
Notre Docteur régaloit sa moitié
Petitement; enfin c'étoit pitié:
A cela près, il traitoit bien sa femme.
Les affiquets, les habits à changer,
Joyaux, bijoux, ne manquoient à la Dame;
Mais tout cela n'est que pour amuser
Un peu de tems des esprits de poupée;
Droit au solide alloit Bartholomée.
Son seul plaisir dans la belle saison,
C'étoit d'aller à certaine maison,
Que son mari possedoit sur la côte:
Ils y couchoient tous les huit jours sans faute.
Là quelquefois sur la mer ils montoient,
Et le plaisir de la pêche goûtoient,
Sans s'éloigner que bien peu de la rade.
Arrive donc, qu'un jour de promenade
Bartholomée & Messer le Docteur,
Prennent chacun une barque à Pêcheur,
Sortent sur mer. Ils avoient fait gageure,
A qui des deux auroit plus de bonheur,

Et trouveroit la meilleure avanture
Dedans ſa Pêche, & n'avoient avec eux
Dans chaque barque en tout qu'un homme ou deux.

Certain Corſaire apperçut la chaloupe
De notre Epouſe, & vint avec ſa troupe
Fondre deſſus ; l'emmena bien & beau ;
Laiſſa Richard : ſoit que près du rivage,
Il n'oſa pas hazarder davantage ;
Soit qu'il craignît, qu'ayant dans ſon Vaiſſeau
Notre vieillard, il ne pût de ſa proye
Si bien joüir : car il aimoit la joye
Plus que l'argent, & toûjours avoit fait
Avec honneur ſon métier de Corſaire ;
Au jeu d'amour étoit homme d'effet,
Ainſi que ſont gens de pareille affaire.
Gens de mer ſont toujours prêts à bien faire ;
Ce qu'on appelle autrement bons garçons.
On n'en voit point qui les fêtes allégue.
Or tel étoit celui dont nous parlons,
Ayant pour nom Pagamin de Monégue.
La Belle fit ſon devoir de pleurer
Un demi jour, tant qu'il ſe put étendre :
Et Pagamin de la réconforter ;
Et notre Epouſe à la fin de ſe rendre.
Il la gagna : bien ſçavoit ſon métier.
Amour s'en mit, Amour ce bon Apôtre,
Dix mille fois plus Corſaire que l'autre,
Vivant de rapt, faiſant peu de quartier.
La Belle avoit ſa rançon toute prête :

Très-bien lui prit d'avoir de quoi payer :
Car là n'étoit ni Vigile ni Fête.
Elle oublia ce beau Calendrier
Rouge par tout, & ſans nul jour ouvrable :
De la ceinture on le lui fit tomber ;
Plus n'en fut fait mention qu'à la table.
Notre Legiſte eut mis ſon doigt au feu,
Que ſon Epouſe étoit toujours fidéle,
Entiere, & chaſte ; & que moyennant Dieu,
Pour de l'argent on lui rendroit la Belle.
De Pagamin il prit un ſauf-conduit,
L'alla trouver, lui mit la carte blanche.
Pagamin dit : Si je n'ai pas bon bruit,
C'eſt à grand tort : je veux vous rendre franche ;
Et ſans rançon votre chere moitié.
Ne plaiſe à Dieu, que ſi belle amitié
Soit par mon fait de deſaſtre ainſi pleine.
Celle pour qui vous prenez tant de peine,
Vous reviendra ſelon votre deſir ;
Je ne veux point vous vendre ce plaiſir.
Faites-moi voir ſeulement qu'elle eſt vôtre.
Car ſi j'allois vous en rendre quelqu'autre,
Comme il m'en tombe aſſez entre les mains ;
Ce me ſeroit une eſpéce de blâme.
Ces jours paſſés je pris certaine Dame,
Dont les cheveux ſont quelque peu châtains,
Grande de taille, en bon point, jeune, & fraiche.
Si cette Belle, après vous avoir vû,
Dit être à vous, c'eſt autant de conclu :
Reprenez-là ; rien ne vous en empêche.

Richard

Richard reprit : Vous parlez ſagement,
Et me traitez trop généreuſement.
De ſon métier il faut que chacun vive.
Mettez un prix à la pauvre captive,
Je le payerai comptant, ſans héſiter :
Le compliment n'eſt ici néceſſaire ;
Voilà ma bourſe : il ne faut que compter.
Ne me traitez que comme on pourroit faire
En pareil cas l'homme le moins connu.
Seroit-il dit que vous m'euſſiez vaincu
D'honnêteté ? non ſera ſur mon ame ;
Vous le verrez. Car, quant à cette Dame,
Ne doutez point qu'elle ne ſoit à moi.
Je ne veux pas que vous m'ajoûtiez foi.
Mais aux baiſers que de la pauvre femme
Je recevrai, ne craignant qu'un ſeul point ;
C'eſt qu'à me voir de joye elle ne meure.
On fait venir l'Epouſe toute à l'heure,
Qui froidement, & ne s'émouvant point,
Devant ſes yeux voit ſon mari paroître,
Sans témoigner ſeulement le connoître,
Non plus qu'un homme arrivé du Perou.
Voyez, dit-il, la pauvrete eſt honteuſe
Devant les gens ; & ſa joye amoureuſe
N'oſe éclater : ſoyez sûr qu'à mon coû,
Si j'étois ſeul, elle ſeroit ſautée.
Pagamin dit : Qu'il ne tienne à cela ;
Dedans ſa chambre allez, conduiſez-la.
Ce qui fut fait : & la chambre fermée,
Richard commence : Eh là, Bartholomée,

Comme tu fais ! Je ſuis ton Quinzica,
Toujours le même à l'endroit de ſa femme.
Regarde-moi. Trouves-tu, ma chere ame,
En mon viſage un ſi grand changement ?
C'eſt la douleur de ton enlevement
Qui me rend tel ; & toi ſeule en es cauſe.
T'ai-je jamais refuſé nulle choſe,
Soit pour ton jeu, ſoit pour tes vêtemens ?
En étoit-il quelqu'une de plus brave ?
De ton vouloir ne me rendois-je eſclave,
Tu le feras étant avec ces gens ;
Et ton honneur, que crois-tu qu'il devienne ?
Ce qu'il pourra, répondit bruſquement
Bartholomée. Eſt-il tems maintenant
D'en avoir ſoin ? S'en eſt-on mis en peine,
Quand malgré moi l'on m'a jointe avec vous,
Vous vieux penard, moi fille jeune & druë,
Qui méritois d'être un peu mieux pourvûë,
Et de goûter ce qu'Hymen a de doux.
Pour cet effet j'étois aſſez aimable ;
Et me trouvois auſſi digne, entre nous,
De ces plaiſirs, que j'en étois capable.
Or eſt le cas allé d'autre façon.
J'ai pris mari, qui pour toute chanſon
N'a jamais eu que ſes jours de férie :
Mais Pagamin, ſi-tôt qu'il m'eut ravie,
Me ſçut donner bien une autre leçon.
J'ai plus appris des choſes de la vie
Depuis deux jours, qu'en quatre ans avec vous.
Laiſſez-moi donc, Monſieur, mon cher Epoux :

Sur mon retour n'inſiſtez davantage.
Calendriers ne ſont point en uſage
Chez Pagamin : je vous en avertis.
Vous & les miens avez mérité pis ;
Vous, pour avoir mal meſuré vos forces
En m'épouſant ; eux pour s'être mépris,
En préférant les legéres amorces
De quelque bien à cet autre point-là.
Mais Pagamin pour tous y pourvoira :
Il ne ſçait Loi, ni Digeſte, ni Code ;
Et cependant très-bonne eſt ſa méthode.
De ce matin lui-même il vous dira
Du quart en ſus comme la choſe en va.
Un tel aveu vous ſurprend & vous touche :
Mais faire ici de la petite bouche
Ne ſert de rien : l'on n'en croira pas moins.
Et puis qu'enfin nous voici ſans témoins,
Adieu vous dis, vous, & vos jours de Fête.
Je ſuis de chair, les habits rien n'y font.
Vous ſçavez bien, Monſieur, qu'entre la tête
Et le talon d'autres affaires ſont.
A tant ſe tut. Richard tombé des nuës,
Fut tout heureux de pouvoir s'en aller.
Bartholomée ayant ſes hontes buës,
Ne ſe fit pas tenir pour demeurer.
Le pauvre Epoux en eut tant de triſteſſe,
Outre les maux qui ſuivent la vieilleſſe,
Qu'il en mourut à quelques jours de-là.
Et Pagamin prit à femme ſa Veuve.
Ce fut bien-fait : nul des deux ne tomba

Dans l'accident du pauvre Quinzica,
S'étant choisis l'un & l'autre à l'épreuve.
Belle leçon pour gens à cheveux gris ;
Sinon qu'ils soient d'humeur accommodante :
Car en ce cas Messieurs les favoris
Font leur ouvrage, & la Dame est contente.

A FEMME AVARE

GALANT ESCROC.

Nouvelle tirée de Boccace.

QU'UN homme ſoit plumé par des Coquettes ;
Ce n'eſt pour faire au miracle crier.
Gratis eſt mort : plus d'amour ſans payer ;
En beaux Loüis ſe content les fleurettes.
Ce que je dis des Coquettes s'entend.
Pour notre honneur ſi me faut-il pourtant
Montrer qn'on peut, nonobſtant leur adreſſe ;
En attraper au moins une entre cent,
Et lui jouer quelque tour de ſoupleſſe.
Je choiſirai pour exemple Gulphar.
Le drôle fit un trait de franc Soudar :
Car aux faveurs d'une belle il eut part

Sans débourſer, eſcroquant la Chrétienne.
Notez ceci, & qu'il vous en ſouvienne,
Galants d'épée; encore bien que ce tour
Pour vous ſtiler ſoit fort peu néceſſaire.
Je trouverois maintenant à la Cour
Plus d'un Gulphar, ſi j'en avois affaire.
Celui-ci donc chez Sire Gaſparin
Tant fréquenta, qu'il devint à la fin
De ſon Epouſe amoureux ſans meſure.
Elle étoit jeune, & belle créature;
Plaiſoit beaucoup; fors un point, qui gâtoit
Toute l'affaire, & qui ſeul rebutoit
Les plus ardens: c'eſt qu'elle étoit avare.
Ce n'eſt pas choſe en ce ſiécle fort rare.
Je l'ai déja dit: rien n'y font les ſoupirs.
Celui-là parle une langue barbare,
Qui l'or en main n'explique ſes déſirs.
Le jeu, la jupe, & l'amour des plaiſirs
Sont les reſſorts que Cupidon employe:
De leur boutique il ſort chez les François
Plus de Cocus, que du Cheval de Troye
Il ne ſortit de Héros autrefois.
Pour revenir à l'humeur de la Belle,
Le Compagnon ne put rien tirer d'elle,
Qu'il ne parlât. Chacun ſçait ce que c'eſt
Que de parler: le Lecteur, s'il lui plaît,
Me permettra de dire ainſi la choſe.
Gulphar donc parle, & ſi bien, qu'il propoſe
Deux cens écus. La Belle l'écouta;
Et Gaſparin à Gulphar les prêta;

Ce fut le bon : puis aux champs s'en alla,
Ne ſoupçonnant aucunement ſa femme.
Gulphar les donne en préſence des gens.
Voilà, dit-il, deux cens écus comptans,
Qu'à votre Epoux vous donnerez, Madame.
La Belle crut qu'il avoit dit cela
Par politique, & pour joüer ſon rôle.
Le lendemain elle le régala
Tout de ſon mieux, en femme de parole.
Le drole en prit le jour & les ſuivans
Pour ſon argent, & même avec uſure :
A bon payeur on fait bonne meſure.
Quand Gaſparin fut de retour des champs,
Gulphar lui dit, ſon Epouſe préſente :
J'ai votre argent à Madame rendu,
N'en ayant eu pour une affaire urgente
Aucun beſoin, comme je l'avois crû :
Déchargez-en votre livre, de grace.
A ce propos auſſi froide que glace
Notre galante avoüa le reçû.
Qu'eût-elle fait ? on eût prouvé la choſe.
Son regret fut d'avoir enflé la doze
De ſes faveurs : c'eſt ce qui la fâchoit.
Voyez un peu la perte que c'étoit !
En la quittant Gulphar alla tout droit
Conter ce cas, le corner par la Ville,
Le publier, le prêcher ſur les toits.
De l'en blâmer, il ſeroit inutile :
Ainſi voit-on chez nous autres François,

ON NE S'AVISE JAMAIS DE TOUT.

Conte tiré des cent Nouvelles Nouvelles.

CERTAIN jaloux ne dormant que d'un œil,
Interdiſoit tout commerce à ſa femme,
Dans le deſſein de prévenir la Dame,
Il avoit fait un fort ample recueïl
De tous les tours que le ſexe ſçait faire.
Pauvre ignorant ! comme ſi cette affaire
N'étoit un hydre, à parler franchement.
Il captivoit ſa femme cependant,
De ſes cheveux vouloit ſçavoir le nombre,
La faiſoit ſuivre, à toute heure, en tous lieux,
Par une vieille au corps tout rempli d'yeux,
Qui la quittoit auſſi peu que ſon ombre.

C

Ce fou tenoit ſon recueïl fort entier :
Il le portoit en guiſe de Pſeautier,
Croyant par-là les galans hors de game.
Un jour de Fête arrive que la Dame,
En revenant de l'Egliſe, paſſa
Près d'un logis, d'où quelqu'un lui jetta
Fort à propos plein un panier d'ordure.
On s'excuſa : la pauvre créature,
Toute vilaine entra dans le logis ;
Il lui falut dépoüiller ſes habits.
Elle envoya querir une autre jupe,
Dès en entrant, par cette douagna,
Qui hors d'haleine à Monſieur raconta
Tout l'accident. Foin, dit-il, celui-là
N'eſt dans mon Livre, & je ſuis pris pour dupe ;
Que le recueïl au diable ſoit donné.
Il diſoit bien : car on n'avoit jetté
Cette immondice, & la Dame gâtée,
Qu'afin qu'elle eût quelque valable excuſe
Pour éloigner ſon dragon quelque tems.
Un ſien Galant ami de là dedans
Tout auſſi-tôt profita de la ruſe :
Nous avons beau ſur ce ſexe avoir l'œil :
Ce n'eſt coup sûr encontre tous eſclandres,
Maris jaloux, brûlez votre Recueïl
Sur ma parole, & faites-en des cendres.

LE GASCON PUNI.

Nouvelle.

Un Gascon, pour s'être vanté
De posseder certaine Belle,
Fut puni de sa vanité
D'une façon assez nouvelle.
Il se vantoit à faux, & ne possedoit rien.
Mais quoi! tout médisant est prophête en ce monde:
On croit le mal d'abord; mais à l'égard du bien,
Il faut que la vûë en réponde.
La Dame cependant du Gascon se mocquoit,
Même au logis pour lui rarement elle étoit:
Et bien souvent qu'il la traitoit
D'incomparable & de divine,
La Belle aussi-tôt s'enfuyoit,
S'allant sauver chez sa voisine.

Elle avoit nom Philis, ſon voiſin Eurilas,
La voiſine Cloris, le Gaſcon Dorilas,
Un ſien ami Damon, c'eſt tout, ſi j'ai mémoire,
Ce Damon de Cloris, à ce que dit l'hiſtoire,
Etoit Amant aimé, Galant, comme on voudra,
Quelque choſe de plus encor que tout cela.
Pour Philis, ſon humeur libre, gaye, & ſinçere
Montroit qu'elle étoit ſans affaire,
Sans ſecret, & ſans paſſion.
On ignoroit le prix de ſa poſſeſſion:
Seulement à l'uſer chacun la croyoit bonne.
Elle approchoit vingt ans, & venoit d'enterrer
Un mari, de ceux-là que l'on perd ſans pleurer,
Vieux barbon, qui laiſſoit d'écus plein une tonne.
En mille endroits de ſa perſonne
La Belle avoit de quoi mettre un Gaſcon aux Cieux;
Des attraits par-deſſus les yeux,
Je ne ſçai quel air de pucelle,
Mais le cœur tant ſoit peu rebelle,
Rebelle toutefois de la bonne façon.
Voilà Philis. Quant au Gaſcon,
Il étoit Gaſcon, c'eſt tout dire.
Je laiſſe à penſer, ſi le ſire
Importuna la Veuve, & s'il fit des ſermens:
Ceux des Gaſcons & des Normands
Paſſent peu pour mots d'Evangile.
C'étoit pourtant choſe facile
De croire Dorilas de Philis amoureux;
Mais il vouloit auſſi que l'on le crût heureux.
Philis diſſimulant dit un jour à cet homme:

BIBLIOTHÈQUE DE L'ARSENAL

Je veux un ſervice de vous ;
Ce n'eſt pas d'aller juſqu'à Rome ;
C'eſt que vous nous aidiez à tromper un jaloux,
La choſe eſt ſans péril, & même fort aiſée.
Nous voulons que cette nuit-ci
Vous couchiez avec le mari
De Cloris, qui m'en a priée.
Avec Damon s'étant broüillée,
Il leur faut une nuit entiere, & par delà,
Pour démêler entr'eux tout ce different-là ;
Notre but eſt qu'Eurilas penſe,
Vous ſentant près de lui, que ce ſoit ſa moitié.
Il ne lui touche point, vit dedans l'abſtinence,
Et ſoit par jalouſie, ou bien par impuiſſance,
A retranché d'Hymen certains droits d'amitié ;
Ronfle toujours ; fait la nuit d'une traite :
C'eſt aſſez qu'en ſon lit il trouve une cornette.
Nous vous ajuſterons : enfin, ne craignez rien :
Je vous recompenſerai bien.
Pour ſe rendre Philis un peu plus favorable,
Le Gaſcon eût couché, dit-il, avec le diable.
La nuit vient, on le coëffe, on le met au grand lit.
On éteint les flambeaux, Eurilas prend ſa place.
Du Gaſcon la peur ſe ſaiſit ;
Il devient auſſi froid que glace ;
N'oſeroit touſſer ni cracher,
Beaucoup moins encor s'approcher ;
Se fait petit, ſe ſerre, au bord ſe va nicher,
Et ne tient que moitié de la rive occupée :
Je crois qu'on l'auroit mis dans un fourreau d'épée.

Son coucheur cette nuit ſe retourna cent fois,
Et juſques ſur le nez lui porta certains doigts,
Que la peur lui fit trouver rudes.
Le pis de ces inquiétudes,
C'eſt qu'il craignoit qu'enfin un caprice amoureux
Ne prît à ce mari : tels cas ſont dangereux,
Lorſque l'un des conjoints ſe ſent privé du ſomme.
Toujours nouveaux ſujets allarmoient le pauvre homme.
L'on étendoit un pied ; l'on approchoit un bras :
Il crut même ſentir la barbe d'Eurilas.
Mais voici quelque choſe à mon ſens de terrible.
Une ſonnette étoit prêt du chevet du lit :
Eurilas de ſonner, & faire un bruit horrible.
Le Gaſcon ſe pâme à ce bruit :
Cette fois-là ſe croit détruit :
Fait un vœu, renonce à ſa Dame,
Et ſonge au ſalut de ſon ame.
Perſonne ne venant, Eurilas s'endormit.
Avant qu'il fût jour on ouvrit.
Philis l'avoit promit ; quand voici de plus belle
Un flambeau, comble de tous maux.
Le Gaſcon après ces travaux
Se fut bien levé ſans chandelle.
Sa perte étoit alors un point tout aſſuré.
On approche du lit. Le pauvre homme éclairé
Prie Eurilas qu'il lui pardonne.
Je le veux, dit une perſonne,
D'un ton de voix rempli d'appas.
C'étoit Philis, qui d'Eurilas

Avoit tenu la place, & qui ſans trop attendre
Tout en chemiſe s'alla rendre
Dans les bras de Cloris, qu'accompagnoit Damon,
C'étoit, dis-je, Philis, qui conta du Gaſcon
La peine & la frayeur extrême;
Et qui pour l'obliger à ſe tuer ſoi-même,
En lui montrant ce qu'il avoit perdu,
Laiſſoit ſon ſein à demi nû.

LA FIANCE'E DU ROI DE GARBE.

Nouvelle.

IL n'eſt rien qu'on ne conte en diverſes façons :
On abuſe du vrai, comme on fait de la feinte :
Je le ſouffre aux récits qui paſſent pour chanſons ;
Chacun y met du ſien ſans ſcrupule & ſans crainte.
Mais aux évenemens, de qui la vérité
Importe à la poſterité,
Tels abus méritent cenſure.
Le fait d'Alaciel eſt d'une autre nature.
Je me ſuis écarté de mon original.
On en pourra gloſer ; on pourra me mécroire ;
Tout cela n'eſt pas un grand mal.
Alaciel & ſa mémoire

Ne sçauroit guére perdre à tout ce changement:
J'ai suivi mon Auteur en deux points seulement;
Points, qui sont véritablement
Le plus important de l'histoire.
L'un est que par huit mains Alaciel passa,
Avant que d'entrer dans la bonne :
L'autre que son Fiancé ne s'en embarassa,
Ayant peut-être en sa personne
Dequoi négliger ce point-là.
Quoiqu'il en soit, la Belle en ses traverses,
Accidens, fortunes diverses,
Eut beaucoup à souffrir, beaucoup à travailler;
Changea huit fois de Chevalier :
Il ne faut pas pour cela qu'on l'accuse :
Ce n'étoit après tout que bonne intention,
Gratitude, ou compassion,
Crainte de pis, honnête excuse.
Elle n'en plut pas moins aux yeux de son fiancé.
Veuve de huit Galants, il la prit pour pucelle;
Et dans son erreur par la Belle
Apparemment il fut laissé.
Qu'on n'y puisse être pris, la chose est toute claire;
Mais après huit, c'est une étrange affaire.
Je me rapporte de cela
A quiconque a passé par là.

Zaïr Soudan d'Alexandrie
Aima sa fille Alaciel
Un peu plus que sa propre vie.
Aussi ce qu'on se peut figurer sous le Ciel

De

De bon, de beau, de charmant & d'aimable,
D'accommodant (j'y mets encor ce point)
La rendoit d'autant estimable:
En cela je n'augmente point.

Au bruit qui couroit d'elle en toutes ces Provinces;
Mamolin Roi de Garbe en devint amoureux;
Il la fit demander, & fut assez heureux
Pour l'emporter sur d'autres Princes,
La Belle aimoit déja; mais on n'en sçavoit rien.
Filles de Sang Royal ne se déclarent guéres.
Tout se passe en leur cœur; cela les fâche bien:
Car elles sont de chair ainsi que les Bergeres.
Hispal, jeune Seigneur de la Cour du Soudan,
Bien fait, plein de mérite, honneur de l'Alcoran,
Plaisoit fort à la Dame, & d'un commun martyre
Tous deux brûloient, sans oser se le dire;
Ou s'ils se le disoient, ce n'étoit que des yeux.
Comme ils en étoient là, l'on accorda la Belle.
Il falut se résoudre à partir de ces lieux.
Zaïr fit embarquer son Amant avec elle.
S'en fier à quelqu'autre eût peut-être été mieux.

Après huit jours de traite, un Vaisseau de Corsaire:
Ayant pris le dessus du vent,
Les attaqua: le combat fut sanglant;
Chacun des deux partis y fit mal ses affaires.
Les assaillans, faits aux combats de mer,
Etoient les plus experts en l'art de massacrer;
Joignoient l'adresse au nombre. Hispal par sa vaillance

Tenoit les choſes en balance.
Vingt Corſaires pourtant montérent ſur ſon bord.
Griſonio le giganteſque
Conduiſoit l'horreur & la mort
Avecque cette Soldateſque.
Hiſpal en un moment ſe vit environné.
Maint Corſaire ſentit ſon bras déterminé :
De ſes yeux il ſortoit des éclairs & des flames.
Cependant qu'il étoit au combat acharné,
Griſonio courut à la chambre des femmes.
Il ſçavoit que l'Infante étoit dans ce vaiſſeau;
Et l'ayant deſtinée à ſes plaiſirs infames,
Il l'emportoit comme un moineau.
Mais la charge pour lui n'étant pas ſuffiſante;
Il prit auſſi la caſſette aux bijoux,
Aux diamans, aux témoignages doux
Que reçoit & garde une Amante.
Car quelqu'un ma dit entre nous
Qu'Hiſpal en ce voyage avoit fait à l'Infante
Un aveu, dont d'abord elle parut contente,
Faute d'avoir le temps de s'en mettre en couroux.

Le malheureux Corſaire emportant cette proye
N'en eut pas long-temps de la joye.
Un des Vaiſſeaux, quoi qu'il fut accroché,
S'étant quelque peu détaché,
Comme Griſonio paſſoit d'un bord à l'autre,
Un pied ſur ſon Navire, un ſur celui d'Hiſpal,
Le Heros d'un revers coupe en deux l'animal :
Part du tronc tombe en l'eau, diſant ſa patenôtre.

Et reniant Mahom, Jupin, & Tarvagant,
Avec maint autre Dieu non moins extravagant:
Part demeure ſur pieds en la même poſture.
On auroit ri de l'avanture,
Si la Belle avec lui n'eût tombé dedans l'eau.
Hiſpal ſe jette après. L'un & l'autre Vaiſſeau
Mal-mené du combat, & privé de Pilote
Au gré d'Eole & de Neptune flote.

La mort fit lâcher priſe au Geant pourfendu:
L'Infante par ſa robe en tombant ſoutenuë
Fut bientôt d'Hiſpal ſecouruë.
Nager vers les vaiſſeaux eût été temps perdu:
Ils étoient preſque à demi-mille.
Ce qu'il jugea de plus facile,
Fut de gagner certains rochers,
Qui d'ordinaire étoient la perte des Nochers,
Et furent le ſalut d'Hiſpal & de l'Infante:
Aucuns ont aſſuré comme choſe conſtante,
Que même du péril la caſſette échapa;
Qu'à des cordons étant penduë
La Belle après ſoi la tira;
Autrement elle étoit perduë.

Notre nageur avoit l'Infante ſur ſon dos.
Le premier roc gagné, non pas ſans quelque peine,
La crainte de la faim ſuivit celle des flots.
Nul Vaiſſeau ne parut ſur la liquide plaine.
Le jour s'acheve, il ſe paſſe une nuit.
Point de Vaiſſeau près d'eux par le hazard conduit;

Point de quoi manger ſur ces roches :
Voilà notre couple réduit
A ſentir de la faim les premieres approches.
Tousdeux privés d'eſpoir,d'autant plus malheureux,
Qu'aimés auſſi-bien qu'amoureux,
Ils perdoient doublement en leur meſavanture,
Après s'être long-temps regardés ſans parler,
Hiſpal, dit la Princeſſe, il ſe faut conſoler.
Les pleurs ne peuvent rien près de la Parque dure ;
Nous n'en mouronspas moins;mais il dépend de nous
D'adoucir l'aigreur de ſes coups ;
C'eſt tout ce qui nous reſte en ce malheur extrême.
Se conſoler ! dit-il, le peut-on quand on aime ?
Ah ſi.... mais non, Madame, il n'eſt pas à propos
Que vous aimiez : vous ſeriez trop à plaindre.
Je brave à mon égard & la faim & les flots ;
Mais jettant l'œil ſur vous, je trouve tout à craindre.
La Princeſſe à ces mots ne ſe put plus contraindre.
Pleurs de couler, ſoûpirs d'être pouſſés,
Regards d'être au Ciel adreſſés,
Et puis ſanglots & puis ſoupirs encore :
En ce même langage Hiſpal lui repartit ;
Tant qu'enfin un baiſer ſuivit :
S'il fut pris ou donné, c'eſt ce que l'on ignore.
Après force vœux impuiſſans,
Le Heros dit : Puiſqu'en cette avanture
Mourir nous eſt choſe ſi sûre,
Qu'importe que nos corps des oiſeaux raviſſans
Ou des monſtres marins deviennent la pâture ?
Sepulture pour ſepulture,

La mer eſt égale, à mon ſens.
Qu'attendons-nous ici qu'une fin languiſſante?
Seroit-il point plus à propos
De nous abandonner aux flots?
J'ai de la force encor; la côte eſt peu diſtante;
Le vent y pouſſe; eſſayons d'approcher;
Paſſons de rocher en rocher:
J'en vois beaucoup où je puis prendre haleine.
Alaciel s'y réſolut ſans peine.
Les revoila ſur l'onde ainſi qu'auparavant,
La caſſette en leſſe ſuivant,
Et le nageur pouſſé du vent,
De roc en roc portant la Belle:
Façon de naviger nouvelle.
Avec l'aide du Ciel, & de ces repoſoirs,
Et du Dieu qui préſide aux liquides manoirs,
Hiſpal n'en pouvant plus de faim, de laſſitude
De travail, & d'inquiétude,
(Non pour lui, mais pour ſes amours)
Prit terre à la dixiéme traite,
Lui, la Princeſſe, & la caſſette.
Pourquoi, me dira-t-on, nous ramener toujours
Cette caſſette? eſt-ce une circonſtance,
Qui ſoit de ſi grande importance?
Oüi, ſelon mon avis: on va voir ſi j'ai tort.
Je ne prens point ici l'effort,
Ni n'affecte de railleries.
Si j'avois mis nos gens à bord
Sans argent & ſans pierreries,
Seroient-ils pas demeurés court?

On ne vit ni d'air ni d'amour.
Les Amans ont beau dire & faire :
Il en faut revenir toujours au néceſſaire.
La caſſette y pourvut avec maint diamant.
Hiſpal vendit les uns, mit les autres en gages ;
Fit achat d'un Château le long de ces rivages ;
Ce Château, dit l'hiſtoire, avoit un parc fort grand,
Ce parc un bois, ce bois de beaux ombrages.
Sous ſes ombrages nos Amans
Paſſoient d'agréables momens.
Voyez combien voilà de choſes enchaînées,
Et par la caſſette amenées.

Or au fond de ce bois un certain antre étoit,
Sourd & muet, & d'amoureuſe affaire ;
Sombre ſur tout : la nature ſembloit
L'avoir mis là non pour autre miſtere.
Nos deux Amans ſe promenant un jour,
Il arriva que ce fripon d'Amour
Guida leurs pas vers ce lieu ſolitaire.
Chemin faiſant, Hiſpal expliquoit ſes deſirs,
Moitié par ſes diſcours, moitié par ſes ſoupirs,
Plein d'une ardeur impatiente.
La Princeſſe écoutoit incertaine & tremblante.

Nous voici, diſoit-il, en un bord étranger,
Ignorés du reſte des hommes ;
Profitons-en : nous n'avons à ſonger
Qu'aux douceurs de l'Amour en l'état où nous ſommes.

Qui vous retient ? on ne ſçait ſeulement
Si nous vivons : peut-être en ce moment
Tout le monde nous croit au corps d'une Baleine.
Ou favoriſez votre Amant,
Ou qu'à votre Epoux il vous méne.
Mais pourquoi vous mener ? vous pouvez rendre heureux
Celui dont vous avez éprouvé la conſtance.
Qu'attendez-vous pour ſoulager ſes feux ?
N'eſt-il pas aſſez amoureux ?
Et n'avez-vous point fait aſſez de réſiſtance ?
Hiſpal haranguoit de façon
Qu'il auroit échauffé des marbres,
Tandis qu'Alaciel, à l'aide d'un poinçon,
Faiſoit ſemblant d'écrire ſur les arbres.
Mais l'amour la faiſoit rêver,
A d'autres choſes qu'à graver
Des caractéres ſur l'écorce.
Son Amant & le lieu l'aſſuroient du ſecret :
C'étoit une puiſſante amorce.
Elle réſiſtoit à regret.
Le Printemps par malheur étoit lors en ſa force ;
Jeunes cœurs ſont bien empêchés
A tenir leurs deſirs cachés,
Etant pris par tant de maniéres.
Combien en voyons-nous ſe laiſſer pas à pas
Ravir juſqu'aux faveurs dernieres,
Qui dans l'abord ne croyoient pas
Pouvoir accorder les premieres !
Amour, ſans qu'on y penſe, amene ces inſtans;

Mainte fille a perdu ſes gans,
Et femme au partir s'eſt trouvée,
Qui ne ſçait la plupart du tems
Comme la choſe eſt arrivée.

Près de l'Antre venus, notre Amant propoſa
D'entrer dedans : la Belle s'excuſa ;
Mais malgré ſoi déja preſque vaincuë,
Les ſervices d'Hiſpal en ce même moment
Lui reviennent devant la vûë,
Ses jours ſauvés des flots, ſon honneur d'un Geant :
Que lui demandoit ſon Amant ?
Un bien dont elle étoit à ſa valeur tenuë.
Il vaut mieux, diſoit-il, vous en faire un ami,
Que d'attendre qu'un homme à la mine hagarde
Vous le vienne enlever. Madame, ſongez-y :
L'on ne ſçait pour qui l'on le garde.
L'Infante à ces raiſons ſe rendant à demi,
Un pluye acheva l'affaire.
Il falut ſe mettre à l'abri :
Je laiſſe à penſer où. Le reſte du myſtere
Au fond de l'Antre eſt demeuré.
Que l'on la blâme ou non, je ſçai plus d'une Belle
A qui ce fait eſt arrivé,
Sans en avoir moitié d'autant d'excuſes qu'elle.

L'Antre ne les vit ſeul de ces douceurs joüir :
Rien ne coûte en amour que la premiere peine,
Si les arbres parloient, il feroit bel oüir
Ceux de ce bois ; car la forêt n'eſt pleine

Que

Que des monumens amoureux
Qu'Hifpal nous a laiffés, glorieux de fa proye:
On y verroit écrit. *Ici pâma de joye*
Des mortels le plus heureux;
Là mourut un Amant fur le fein de fa Dame:
En cet endroit, mille baifers de flâme
Furent donnés, & mille autres rendus.
Le Parc diroit beaucoup, le Château beaucoup plus;
Si Châteaux avoient une langue.
La chofe en vint au point, que las de tant d'amour
Nos Amans à la fin regretterent la Cour.
La Belle s'en ouvrit, & voici fa harangue.

Vous m'êtes cher, Hifpal; j'aurois du déplaifir,
Si vous ne penfiez pas que toujours je vous aime;
Mais qu'eft-ce qu'un amour fans crainte & fans defir?
Je vous le demande à vous-même.
Ce font des feux bien-tôt paffés,
Que ceux qui ne font point dans leur cours traverfés:
Il y faut un peu de contrainte.
Je crains fort qu'à la fin ce féjour fi charmant
Ne nous foit un defert, & puis un monument
Hifpal, ôtez-moi cette crainte.
Allez vous-en voir promptement
Ce qu'on croira de moi dedans Alexandrie,
Quand on fçaura que nous fommes en vie.
Déguifez bien notre féjour:
Dites que vous venez préparer mon retour,
Et faire qu'on m'envoye une efcorte fi sûre,
Qu'il n'arrive plus d'avanture.

Croyez-moi, vous n'y perdrez rien;
Trouvez ſeulement le moyen
De me ſuivre en ma deſtinée,
Ou de fillage ou d'Hymenée,
Et tenez pour choſe aſſurée,
Que ſi je ne vous fais du bien,
Je ſerai de près éclairée.

Que ce fût ou non ſon deſſein,
Pour ſe ſervir d'Hiſpal, il faloit tout promettre.
Dès qu'il trouve à propos de ſe mettre en chemin;
L'Infante pour Zaïr le charge d'une lettre:
Il s'embarque, il fait voile, il vogue, il a bon vent;
Il arrive à la Cour, où chacun lui demande,
S'il eſt mort, s'il eſt vivant,
Tant la ſurpriſe fut grande;
En quels lieux eſt l'Infante, enfin ce qu'elle fait.
Dès qu'il eut à tout ſatisfait,
On fit partir une eſcorte puiſſante.
Hiſpal fut retenu; non qu'on eût en effet
Le moindre ſoupçon de l'Infante.
Le Chef de cette eſcorte étoit jeune & bienfait.
Abordé près du parc, avant tout il partage
Sa troupe en deux, laiſſe l'une au rivage,
Va droit avec l'autre au Château.
La beauté de l'Infante étoit beaucoup accruë;
Il en devint épris à la premiere vûë;
Mais tellement épris, qu'attendant qu'il fit beau,
Pour ne point perdre tems, il lui dit ſa penſée.
Elle s'en tint fort offenſée,

Et l'avertit de ſon devoir.
Témoigner en tels cas un peu de deſeſpoir
Eſt quelquefois une bonne recette.
C'eſt ce que fait notre homme : il forme le deſſein
De ſe laiſſer mourir de faim ;
Car de ſe poignarder, la choſe eſt trop tôt faite :
On n'a pas le tems d'en venir
Au repentir.
D'abord Alaciel rioit de ſa ſotiſe.
Un jour ſe paſſe entier : lui ſans ceſſe jeûnant.
Elle toujours le détournant
D'une ſi terrible entrepriſe.
Le ſecond jour commence à la toucher.
Elle rêve à cette avanture.
Laiſſer mourir un homme, & pouvoir l'empêcher,
C'eſt avoir l'ame un peu trop dure.
Par pitié donc elle condeſcendit
Aux volontés du Capitaine ;
Et cet office lui rendit
Gayement, de bonne grace, & ſans montrer de peine ;
Autrement le remede eût été ſans effet.
Tandis que le Galant ſe trouve ſatisfait,
Et remet les autres affaires,
Diſant tantôt que les vents ſont contraires,
Tantôt qu'il faut radouber ſes galeres,
Pour être en état de partir ;
Tantôt qu'on vient de l'avertir
Qu'il eſt attendu des Corſaires.
Un Corſaire en effet arrive, & ſurprenant
Ses gens demeurés à la rade,

Les tuë, & va donner au Château l'escalade;
Du fier Grifonio c'étoit le Lieutenant.

Il prend le Château d'emblée.
Voilà la fête troublée.
Le jeûneur maudit son sort.
Le Corsaire apprend d'abord;
L'avanture de la Belle,
Et la tirant à l'écart,
Il en veut avoir sa part.
Elle fit fort la rebelle.
Il ne s'en étonna pas,
N'étant novice en tels cas.
Le mieux que vous puissiez faire;
Lui dit tout franc ce Corsaire,
C'est de m'avoir pour ami;
Je suis Corsaire & demi.
Vous avez fait jeûner un pauvre miserable
Qui se mouroit pour vous d'amour;
Vous jeûnerez à votre tour,
Ou vous me serez favorable.
La justice le veut: nous autres gens de mer
Sçavons rendre à chacun selon ce qu'il mérite;
Attendez-vous de n'avoir à manger,
Que quand de ce côté vous aurez été quitte.
Ne marchandez point tant, Madame, & croyez-moi,
Qu'eût fait Alaciel! force n'a point de loi.
S'accommoder à tout est chose nécessaire.
Ce qu'on ne voudroit pas souvent il le faut faire
Quand il plaît au destin que l'on en vienne là,

Augmenter ſa ſouffrance eſt une erreur extrême.
Si par pitié d'autrui la Belle ſe força,
Que ne point eſſayer par pitié de ſoi-même?
Elle ſe force donc, & prend en gré le tout.
Il n'eſt affliction dont on ne vienne à bout.
Si le Corſaire eût été ſage,
Il eût mené l'Infante en un autre rivage.
Sage en amour: Hélas! il n'en eſt point,
Tandis que celui-ci croit avoir tout à point,
Vent pour partir, lieu propre pour attendre,
Fortune, qui ne dort que lorſque nous veillons,
Et veille quand nous ſommeillons,
Lui trame en ſecret cet eſclandre.

Le Seigneur d'un Château voiſin de celui-ci,
Homme fort ami de la joye,
Sans nulle attache, & ſans ſouci
Que de chercher toujours quelque nouvelle proye;
Ayant eu le vent des beautés,
Perfections, commodités,
Qu'en ſa voiſine on diſoit être,
Ne ſongeoit nuit & jour qu'à s'en rendre le Maître.
Il avoit des amis, de l'argent, du crédit;
Pouvoit aſſembler deux mille hommes:
Il les aſſemble donc un beau jour, & leur dit:
Souffrirons-nous, braves gens que nous ſommes,
Qu'un Pirate à nos yeux ſe gorge de butin?
Qu'il traite comme eſclave une beauté divine?
Allons tirer notre voiſine
D'entre les griffes du mâtin.

Que ce ſoir chacun ſoit en armes,
Mais doucement & ſans donner d'alarmes;
Sous les auſpices de la nuit,
Nous pourrons nous rendre ſans bruit
Au pied de ce Château, dès la petite pointe
Du jour.
La ſurpriſe à l'ombre étant jointe
Nous rendra ſans hazard maîtres de ce ſéjour.
Pour ma part du butin je ne veux que la Dame;
Non pas pour en uſer ainſi que ce voleur;
Je me ſens un deſir en l'ame,
De lui reſtituer ſes biens & ſon honneur.
Tout le reſte eſt à vous, hommes, chevaux, bagage,
Vivres, munitions, enfin tout l'équipage,
Dont ces Brigands ont rempli la maiſon.
Je vous demande encore un don; (ſaire.
C'eſt qu'on pende aux créneaux haut & court le Cor-
Cette harangue militaire
Leur ſçut tant d'ardeur inſpirer,
Qu'il en falut une autre, afin de moderer
Le trop grand deſir de bien faire.
Chacun repaît, le ſoir étant venu:
L'on mange peu; l'on boit en récompenſe:
Quelques tonneaux ſont mis ſur cu.
Pour avoir fait cette dépenſe,
Il s'eſt gagné pluſieurs combats,
Tant en Allemagne qu'en France.
Ce Seigneur donc n'y manqua pas,
Et ce fut un trait de prudence.
Mainte échelle eſt portée, & point d'autre embarras,

Point de tambours ; force bons coutelas.
On part ſans bruit, on arrive en ſilence.
L'Orient venoit de s'ouvrir,
C'eſt un tems où le ſomme eſt dans ſa violence,
Et qui par ſa fraîcheur nous contraint de dormir,
Preſque tout le peuple Corſaire
Du ſommeil à la mort n'ayant qu'un pas à faire,
Fut aſſommé ſans le ſentir.

Le Chef pendu, l'on amene l'Infante.
Son peu d'amour pour le Voleur,
Sa ſurpriſe & ſon épouvante,
Et les civilités de ſon Liberateur
Ne lui permirent pas de répandre des larmes.
Sa priere ſauva la vie à quelques gens.
Elle plaignit les morts, conſola les mourans,
Puis quitta ſans regret ces lieux remplis d'alarmes.
On dit même qu'en peu de tems
Elle perdit la mémoire
De ſes deux derniers Galants :
Je n'ai pas peine à le croire.

Son Voiſin la reçut en un appartement
Tout brillant d'or, & meublé richement.
On peut s'imaginer l'ordre qu'il y fit mettre.
Nouvel Hôte, & nouvel Amant,
Ce n'étoit pas pour rien omettre.
Grande chere ſur tout, & des vins fort exquis.
Les Dieux ne ſont pas mieux ſervis.
Alaciel, qui de ſa vie

Selon ſa Loi n'avoit bu vin,
Goûta ce ſoir par compagnie
De ce breuvage ſi divin.
Elle ignoroit l'effet d'une liqueur ſi douce:
Inſenſiblement fit carrouſſe;
Et comme amour jadis, lui troubla la raiſon;
Ce fut lors un autre poiſon.
Tous deux ſont à craindre des Dames.
Alaciel miſe au lit par ſes femmes,
Ce bon Seigneur s'en fut la trouver tout d'un pas;
Quoi trouver? dira-t-on, d'immobiles apas?
Si j'en trouvois autant, je ſçaurois bien qu'en faire,
Diſoit l'autre jour un certain:
Qu'il me vienne une même affaire,
On verra ſi j'aurai recours à mon voiſin.
Bacchus donc, & Morphée, & l'Hôte de la Belle;
Cette nuit diſpoſérent d'elle,
Les charmes des premiers diſſipés à la fin,
La Princeſſe au ſortir du ſomme
Se trouva dans les bras d'un homme.
La frayeur lui glaça la voix:
Elle ne put crier, & de crainte ſaiſie,
Permit tout à ſon Hôte, & pour une autre fois
Lui laiſſa lier la partie.
Une nuit, lui dit-il, eſt de même que cent;
Ce n'eſt que la premiere à quoi l'on trouve à dire.
Alaciel le crut. L'Hôte enfin ſe laſſant
Pour d'autres conquêtes ſoupire.

Il part un ſoir, prie un de ſes amis

De

De faire cette nuit les honneurs du logis.
Prendre ſa place, aller trouver la Belle,
Pendant l'obſcurité ſe coucher auprès d'elle;
Ne point parler; qu'il étoit fort aiſé,
Et qu'en s'acquitant bien de l'emploi propoſé,
L'Infante aſſurément agréroit ſon ſervice.
L'autre bien volontiers lui rendit cet office.
Le moyen qu'un ami puiſſe être refuſé?
A ce nouveau venu la voilà donc en proye.
Il ne put ſans parler contenir cette joie.
La Belle ſe plaignit d'être ainſi leur joüet.
Comment l'entend Monſieur mon Hôte?
Dit-elle, & de quel droit me donner comme il fait?
L'autre confeſſa qu'en effet,
Ils avoient tort; mais que toute la faute
Etoit au maître du logis.
Pour vous venger de ſon mépris,
Pourſuivit-il, comblez-moi de careſſes.
Encheriſſez ſur les tendreſſes
Que vous eûtes pour lui tant qu'il fut votre Amant:
Aimez-moi par dépit, & par reſſentiment,
Si vous ne pouvez autrement.
Son conſeil fut ſuivi: l'on pouſſa les affaires;
L'on ſe vengea, l'on n'ômit rien.
Que ſi l'ami s'en trouva bien,
L'Hôte ne s'en tourmenta guéres.

Et de cinq, ſi j'ai bien compté.
Le ſixiéme incident des travaux de l'Infante
Par quelques-uns eſt raporté

D'une maniere differente.
Force gens concluront de-là,
Que d'un Galant au moins je fais grace à la Belle;
C'eſt médiſance que cela :
Je ne voudrois mentir pour elle,
Son Epoux n'eut aſſurément
Que huit Précurſeurs ſeulement.
Pourſuivons donc notre nouvelle.
L'Hôte revint, quand l'ami fut content.
Alaciel lui pardonnant,
Fit entr'eux les choſes égales :
La clemence ſied bien aux perſonnes Royales.

Ainſi de main en main Alaciel paſſoit,
Et ſouvent ſe divertiſſoit
Aux menus ouvrages des filles
Qui la ſervoient, toutes aſſez gentilles.
Elle en aimoit fort une, à qui l'on en contoit :
Et le conteur étoit un certain Gentilhomme
De ce logis, bienfait & galant homme;
Mais violent dans ſes deſirs,
Et grand ménager de ſoûpirs,
Juſques à commencer près de la plus ſévére
Par où l'on finit d'ordinaire.
Un jour au bout du parc le Galant rencontra
Cette fillette :
Et dans un pavillon fit tant qu'il l'attira.
Toute ſeulette.
L'Infante étoit fort près de-là :
Mais il ne la vit point, & crut en aſſurance

Pouvoir uſer de violence.
Sa médiſante humeur, grand obſtacle aux faveurs,
Peſte d'amour & des douceurs
Dont il tire ſa ſubſiſtance,
Avoit de ce Galant ſouvent grêlé l'eſpoir.
La crainte lui nuiſoit autant que le devoir.
Cette fille l'auroit ſelon toute apparence
Favoriſé,
Si la Belle eût oſé.
Se voyant craint de cette ſorte,
Il fit tant, qu'en ce pavillon
Elle entra par occaſion;
Puis le Galant ferme la porte:
Mais en vain, car l'Infante avoit de quoi l'ouvrir.
La fille voit ſa faute, & tâche de ſortir.
Il la retient: elle crie, elle appelle;
L'Infante vient, & vient comme il faloit;
Quand ſur ſes fins la Demoiſelle étoit.
Le Galant indigné de la manquer ſi belle
Perd tout reſpect, & jure par les Dieux,
Qu'avant que ſortir de ces lieux,
L'une ou l'autre payera ſa peine;
Quand il devroit leur attacher les mains.
Si loin de tous ſecours humains,
Dit-il, la réſiſtance eſt vaine.
Tirez au ſort ſans marchander;
Je ne ſçaurois vous accorder
Que cette grace:
Il faut que l'une ou l'autre paſſe
Pour aujourd'hui.

Qu'a fait Madame ? dit la Belle,
Pâtira-t-elle pour autrui ?
Oüi ſi le ſort tombe ſur elle,
Dit le Galant, prenez-vous-en à lui.
Non, non, reprit alors l'Infante,
Il ne ſera pas dit que l'on ait, moi preſente,
Violenté cette innocente.
Je me réſous plûtôt à toute extrémité.
Ce combat plein de charité
Fut par le ſort à la fin terminé.
L'Infante en eut toute la gloire :
Il lui donna ſa voix, à ce que dit l'Hiſtoire;
L'autre ſortit, & l'on jura
De ne rien dire de cela :
Mais le Galant ſe ſeroit laiſſé pendre,
Plûtôt que de cacher un ſecret ſi plaiſant;
Et pour le divulguer il ne voulut attendre
Que le tems qu'il faloit pour trouver ſeulement
Quelqu'un qui le voulût entendre.

Ce changement de favoris
Devint à l'Infante une peine;
Elle eut regret d'être l'Hélene
D'un ſi grand nombre de Paris.
Auſſi l'Amour ſe joüoit d'elle.
Un jour entr'autres que la Belle
Dans un bois dormoit à l'écart,
Il s'y rencontra par hazard
Un Chevalier errant, grand chercheur d'avantures,
De ces ſortes de gens que ſur des palefrois,

Les Belles ſuivoient autrefois,
Et paſſoient pour chaſtes & pures.
Celui-ci qui donnoit à ſes deſirs l'eſſor,
Comme faiſoient jadis Roger & Galaor
N'eût vû la Princeſſe endormie,
Que de prendre un baiſer il forma le deſſein :
Tout prêt à faire choix de la bouche ou du ſein,
Il étoit ſur le point d'en paſſer ſon envie,
Quand tout d'un coup il ſe ſouvint
Des loix de la Chevalerie.
A ce penſer il ſe retint,
Priant toutefois en ſon ame
Toutes les puiſſances d'amour,
Qu'il pût courir en ce ſéjour
Quelqu'avanture avec la Dame.
L'Infante s'éveilla ſurpriſe au dernier point.
Non, non, dit-il, ne craignez point;
Je ne ſuis geant ni ſauvage;
Mais Chevalier errant, qui rends graces aux Dieux,
D'avoir trouvé dans ce bocage
Ce qu'à peine on pourroit rencontrer dans les Cieux.
Après ce compliment, ſans plus longue demeure
Il lui dit en deux mots l'ardeur qui l'embraſoit;
C'étoit un homme qui faiſoit
Beaucoup de chemin en peu d'heure.
Le refrein fut d'offrir ſa perſonne & ſon bras,
Et tout ce qu'en ſemblable cas
On eſt en coutume de dire
A celles pour qui l'on ſoûpire.
Son offre fut reçûë, & la Belle lui fit

Un long Roman de ſon Hiſtoire,
Suprimant, comme l'on peut croire;
Les ſix Galans. L'avanturier en prit
Ce qu'il crut à propos d'en prendre,
Et comme Alaciel de ſon ſort ſe plaignit,
Cet inconnu s'engagea de la rendre
Cher Zaïr ou dans Garbe, avant qu'il fût un mois.
Dans Garbe? non, reprit-elle, & pour cauſe;
Si les Dieux avoient mis la choſe
Juſques à preſent à mon choix,
J'aurois voulu revoir Zaïr & ma patrie.
Pourvû qu'Amour me prête vie,
Vous les verrez, dit-il. C'eſt ſeulement à vous
D'apporter remede à vos coups,
Et conſentir que mon ardeur s'apaiſe:
Si j'en mourois, à vos bontés ne plaiſe,
Vous demeureriez ſeule, & pour vous parler franc,
Je tiens ce ſervice aſſez grand,
Pour me flater d'une eſperance
De récompenſe.
Elle en tomba d'accord, promit quelques douceurs;
Convint d'un nombre de faveurs;
Qu'afin que la choſe fût ſûre,
Cette Princeſſe lui payeroit,
Non tout d'un coup, mais à meſure
Que le voyage ſe feroit;
Tant chaque jour, ſans nulle faute.
Le marché s'étant ainſi fait,
La Princeſſe en croupe ſe met,
Sans prendre congé de ſon Hôte.

L'Inconnu, qui pour quelque temps
S'étoit défait de tous ſes gens,
Les rencontra bien-tôt. Il avoit dans ſa troupe
Un ſien neveu fort jeune, avec ſon Gouverneur.
Notre Héroïne prend, en deſcendant de croupe,
Un palefroi. Cependant le Seigneur
Marche toûjours à côté d'elle,
Tantôt lui conte une nouvelle,
Et tantôt lui parle d'Amour,
Pour rendre le chemin plus court.

Avec beaucoup de foi le traité s'exécute;
Pas la moindre ombre de diſpute.
Point de faute au calcul, non plus qu'entre Marchands.
De faveur en faveur, ainſi contoient ces gens.
Juſqu'au bord de la mer enfin ils arrivérent,
Et s'embarquérent.
Cet élément ne leur fut pas moins doux
Que l'autre avoit été: certain calme au contraire
Prolongeant le chemin, augmenta le ſalaire.
Sains & gaillards il débarquérent tous
Au port de Joppe, & là ſe rafraîchirent,
Au bout de deux jours en partirent
Sans autre eſcorte que leur train:
Ce fut aux Brigands une amorce.
Un gros d'Arabes en chemin
Les ayant rencontrés, ils cédoient à la force;
Quand notre avanturier fit un dernier effort,
Repouſſa les brigands, reçut une bleſſure,

Qui le mit dans la ſépulture ;
Non ſur le champ : devant ſa mort
Il pourvut à la Belle, ordonna du voyage,
En chargea ſon neveu, jeune homme de courage ;
Lui léguant par ce même moyen
Le ſurplus des faveurs, avec ſon équipage,
Et tout le reſte de ſon bien.
Quand on fut revenu de toutes ces alarmes,
Et que l'on eut verſé certain nombre de larmes ;
On ſatisfit au Teſtament du mort ;
On paya les faveurs, dont enfin la derniere
Echut juſtement ſur le bord
De la frontiere.
En cet endroit le neveu la quitta,
Pour ne donner aucun ombrage ;
Et le Gouverneur la guida
Pendant le reſte du voyage.
Au Soudan il la preſenta.
D'exprimer ici la tendreſſe,
Ou pour mieux dire les tranſports,
Que témoigna Zaïr en voyant la Princeſſe ;
Il faudroit de nouveaux efforts ;
Et je n'en puis plus faire : il eſt bon que j'imite
Phœbus, qui ſur la fin du jour
Tombe d'ordinaire ſi court
Qu'on diroit qu'il ſe précipite.
Le Gouverneur aimoit à ſe faire écouter,
Ce fut un paſſe-tems de l'entendre conter
Monts & merveilles de la Dame,

Qui

Qui rioit ſans doute en ſon ame.

Seigneur, dit le bon homme, en parlant au Soudan,
Hiſpal étant parti, Madame incontinent
Pour fuir oiſiveté, principe de tout vice,
Réſolut de vacquer nuit & jour au ſervice
D'un Dieu qui chez ces gens a beaucoup de crédit.
Je ne vous aurois jamais dit
Tous ſes Temples & ſes Chapelles,
Nommés pour la plûpart alcoves & ruelles.
Là, les gens pour Idole ont un certain oiſeau,
Qui dans ſes portraits eſt fort beau,
Quoiqu'il n'ait des plumes qu'aux aîles.
Au contraire des autres Dieux,
Qu'on ne ſert que quand on eſt vieux,
La jeuneſſe lui ſacrifie.
Si vous ſçaviez l'honnête vie
Qu'en le ſervant menoit Madame Alaciel,
Vous beniriez cent fois le Ciel
De vous avoir donné fille tant accomplie.
Au reſte en ces Païs on vit d'autre façon
Que parmi vous, les Belles vont & viennent:
Point d'Eunuques qui les retiennent:
Les hommes en ces lieux ont tous barbe au menton
Madame dès l'abord s'eſt faite à leur méthode;
Tant elle eſt de facile humeur;
Et je puis dire à ſon honneur,
Que de tout elle s'accommode.
Zaïr étoit ravi. Quelques jours écoulés

La Princesse partit pour Garbe en grande escorte.
Les gens qui la suivoient furent tous régalés
De beaux presens ; & d'une amour si forte
Cette Belle toucha le cœur de Mamolin,
Qu'il ne se tenoit pas. On fit un grand festin,
Pendant lequel, ayant belle audience,
Alaciel conta tout ce qu'elle voulut,
Dit les mensonges qu'il lui plut.
Mamolin & sa Cour écoutoient en silence.
La nuit vint : on porta la Reine dans son lit.
A son honneur elle en sortit :
Le Prince en rendit témoignage.
Alaciel, à ce qu'on dit,
N'en demandoit pas davantage.
Ce conte nous apprend que beaucoup de maris,
Qui se vantent de voir fort clair en leurs affaires ;
N'y viennent bien souvent qu'après les favoris,
Et tout sçavans qu'ils sont, ne s'y connoissent guéres.
Le plus sûr toutefois est de se bien garder,
Craindre tout, ne rien hazarder.
Filles, maintenez-vous ; l'affaire est d'importance.
Rois de Garbe ne sont oiseaux communs en France.
Vous voyez que l'Hymen y suit l'accord de près :
C'est là l'un des plus grands secrets
Pour empêcher les avantures.
Je tiens vos amitiés fort chastes & fort pures ;
Mais Cupidon alors fait d'étranges leçons.
Rompez lui toutes ses mesures :
Pourvoyez à la chose aussi bien qu'aux soupçons :

Ne m'allez point conter, c'eſt le droit des garçons.
Les garçons ſans ce droit ont aſſez où ſe prendre.
Si quelqu'une pourtant ne s'en pouvoit défendre,
Le remede ſera de rire en ſon malheur.
    Il eſt bon de garder ſa fleur;
Mais pour l'avoir perduë, il ne ſe faut pas pendre.

LA COUPE ENCHANTE'E.

Nouvelle tirée de l'Arioſte.

LEs maux les plus cruels ne ſont que des chanſons,
Près de ceux qu'aux Maris cauſe la jalouſie.
Figurez-vous un fou, chez qui tous les ſoupçons
Sont bien venus, quoi qu'on lui die,
Il n'a pas un moment de repos en ſa vie.
Si l'oreille lui tinte, ô Dieux ! tout eſt perdu.
Ses ſonges ſont toujours que l'on le fait cocu ;
Pourvû qu'il ſonge : c'eſt l'affaire.
Je ne vous voudrois pas un tel point garantir ;
Car pour ſonger il faut dormir,
Et les jaloux ne dorment guére.
Le moindre bruit éveille un mari ſoupçonneux ;
Qu'alentour de ſa femme une mouche bourdonne,
C'eſt cocuage qu'en perſonne

Il a vû de ſes propres yeux.
Si bien vû, que l'erreur n'en peut être effacée.
Il veut à toute force être au nombre des ſots.
Il ſe maintient Cocu, du moins de la penſée,
S'il ne l'eſt en chair & en os.
Pauvres gens, dites-moi, qu'eſt-ce que cocuage?
Quel tort vous fait-il? quel dommage?
Qu'eſt-ce enfin que ce mal, dont tant de gens de bien
Se moquent avec juſte cauſe?
Quand on l'ignore, ce n'eſt rien,
Quand on le ſçait, c'eſt peu de choſe.
Vous croyez cependant que c'eſt un fort grand cas:
Tâchez donç d'en douter, & ne reſſemblez pas
A celui-là qui but dans la Coupe enchantée:
Profitez du malheur d'autrui.
Si cette hiſtoire peut ſoulager votre ennui,
Je vous l'aurai bien-tôt contée.

Mais je vous veux premiérement
Prouver par bon raiſonnement
Que ce mal dont la peur vous mine & vous conſume,
N'eſt mal qu'en votre idée, & non point dans l'effet.
En mettez-vous votre bonnet
Moins aiſément que de coutume?
Cela s'en va-t-il pas tout net?
Voyez-vous qu'il en reſte une ſeule apparence?
Une tache qui nuiſe à vos plaiſirs ſecrets?
Ne retrouvez-vous pas toujours les mêmes traits?
Vous appercevez-vous d'aucune différence?
Je tire donc ma conſequence,

Et dis malgré le peuple ignorant & brutal,
Cocuage n'eſt point un mal.

Oüi ; mais l'honneur eſt une étrange affaire :
Qui vous ſoûtient que non ? ai-je dit le contraire ?
Et bien l'honneur, l'honneur; je n'entens que ce mot:
Apprenez qu'à Paris ce n'eſt pas comme à Rome ;
Le Cocu qui s'afflige y paſſe pour un ſot ;
Et le Cocu qui rit, pour un fort honnête homme.
Quand on prend comme il faut cet accident fatal,
Cocuage n'eſt point un mal.
Prouvons que c'eſt un bien : la choſe eſt fort facile.
Tout vous rit, votre femme eſt ſouple comme un gand ;
Et vous pourriez avoir vingt Mignonnes en Ville,
Qu'on n'en ſonneroit pas deux mots en tout un an.
Quand vous parlez, c'eſt dit notable,
On vous met le premier à table,
C'eſt pour vous la place d'honneur,
Pour vous le morceau du Seigneur :
Heureux qui vous le ſert ! la blondine Chiorme
Afin de vous gagner n'épargne aucun moyen :
Vous êtes le Patron ; donc je conclus en forme,
Cocuage eſt un bien.
Quand vous perdez au jeu, l'on vous donne revanche;
Même votre homme écarte & ſes As & ſes Rois :
Avez-vous ſur les bras quelque Monſieur Dimanche,
Mille bourſes vous ſont ouvertes à la fois.
Ajoûtez que l'on tient votre femme en haleine,
Elle n'en vaut que mieux, n'en a que plus d'apas :

Menelas rencontra des charmes dans Helene,
Qu'avant qu'être à Paris la belle n'avoit pas.
Ainsi de votre Epouse : on veut qu'elle vous plaise :
Qui dit prude au contraire, il dit laide ou mauvaise,
Incapable en amour d'apprendre jamais rien.
Pour toutes ces raisons je persiste en ma these,
Cocuage est un bien.

Si ce Prologue est long, la matiere en est cause;
Ce n'est pas en passant qu'on traite cette chose.
Venons à notre histoire. Il étoit un Quidam,
Dont je tairai le nom, l'état, & la patrie :
Celui-ci, de peur d'accident,
Avoit juré que de sa vie
Femme ne lui seroit autre que bonne amie,
Nymphe si vous voulez, Bergere, & cetera;
Pour épouse, jamais il n'en vint jusques-là.
S'il eut tort ou raison, c'est un point que je passe.
Quoi qu'il en soit, Hymen n'ayant pû trouver grace
Devant cet homme, il falut que l'amour
Se melât seul de ses affaires,
Eût soin de le fournir des choses nécessaires;
Soit pour la nuit, soit pour le jour.
Il lui procura donc les faveurs d'une Belle,
Qui d'une fille naturelle
Le fit Pere, & mourut : le pauvre homme en pleura,
Se plaignit, gémit, soupira,
Non comme qui perdroit sa femme :
Le deuil n'est bien souvent que changement d'habits,
Mais comme qui perdroit tous ses meilleurs amis,

Son plaiſir, ſon cœur & ſon ame.
La fille crut, ſe fit; on pouvoit déja voir
Hauſſer & baiſſer ſon mouchoir.
Le tems coule, on n'eſt pas ſi-tôt à la bavette
Qu'on trotte, qu'on raiſonne, on devient grandelette
Puis grande tout-à-fait, & puis le ſerviteur.
Le Pere avec raiſon eut peur
Que ſa fille chaſſant de race
Ne le prévînt, & ne prévînt encor
Prêtre, Notaire, Hymen, accord;
Choſes qui d'ordinaire ôtent toute la grace
Au preſent que l'on fait de ſoi.
La laiſſer ſur ſa bonne foi
Ce n'étoit pas choſe trop sûre.
Il vous mit donc la Créature
Dans un Convent: là cette belle apprit;
Ce qu'on aprend, à manier l'éguille.
Point de ces livres qu'une fille
Ne lit qu'avec danger & qui gâtent l'eſprit:
Le langage d'amour étoit jargon pour elle.
On n'eut ſçû tirer de la Belle
Un ſeul mot que de ſainteté.
En ſpiritualité
Elle auroit confondu le plus grand perſonnage.
Si l'une des Nonains la loüoit de beauté,
Mon Dieu fy, diſoit-elle, ah ma ſœur, ſoyez ſage:
Ne conſiderez point des traits qui périront:
C'eſt terre que cela; les vers le mangeront.
Au reſte elle n'avoit au monde ſa pareille
A manier un canevas,

Filoit

Filoit mieux que Cloton, brodoit mieux que Pallas,
Tapiſſoit mieux qu'Arachne, & mainte autre merveille,
Sa ſageſſe, ſon bien, le bruit de ſes beautés,
Mais le bien plus que tout, y fit mettre la preſſe :
Car la belle étoit là comme en lieux empruntés,
Attendant mieux, ainſi que l'on y laiſſe
Les bons partis, qui vont ſouvent
Au Moutier ſortant du Convent.
Vous ſçaurez que le Pere avoit long-tems devant
Cette fille légitimée ;
Caliſte (c'eſt le nom de notre Renfermée)
N'eut pas la clef des champs, qu'adieu les livres ſaints,
Il ſe preſenta des Blondins,
De bons Bourgeois, des Paladins,
Des gens de tous Etats, de tout poil, de tout âge :
La Belle en choiſit un, bien fait, beau perſonnage ;
D'humeur commode, à ce qu'il lui ſembla,
Et pour gendre auſſi-tôt le Pere l'agréa.
La dot fut ample, ample fut le doüaire :
La fille étoit unique, & le garçon auſſi.
Mais ce ne fut pas là le meilleur de l'affaire ;
Les mariés n'avoient ſouci
Que de s'aimer & de ſe plaire.

Deux ans de Paradis s'étant paſſés ainſi,
L'enfer des enfers vint enſuite.
Une jalouſe humeur ſaiſit ſoudainement
Notre Epoux, qui fort ſottement
S'alla mettre en l'eſprit de craindre la pourſuite

D'un Amant, qui ſans lui ſe ſeroit morfondu.
Sans lui le pauvre homme eût perdu
Son tems à l'entour de la Dame,
Quoique pour la gagner il tentât tout moyen.

Que doit faire un mari quand on aime ſa femme?
Rien.
Voici pourquoi je lui conſeille
De dormir s'il ſe peut d'un & d'autre côté.
Si le Galant eſt écouté,
Vos ſoins ne feront pas qu'on lui ferme l'oreille.
Quant à l'occaſion, cent pour une. Mais ſi
Des diſcours du Blondin la Belle n'a ſouci,
Vous le lui faites naître, & la chance ſe tourne:
Volontiers où ſoupçon ſéjourne
Cocuage ſéjourne auſſi.

Damon, c'eſt notre Epoux, ne comprit pas ceci.
Je l'excuſe & le plains; d'autant plus que l'ombrage
Lui vint par conſeil ſeulement.
Il eût fait un trait d'homme ſage,
S'il n'eût cru que ſon mouvement.
Vous allez entendre comment.

L'Enchantereſſe Nérie
Fleuriſſoit lors; & Circé
Au prix d'elle en diablerie
N'eût été qu'à l'A, B, C.
Car Nérie eut à ſes gages
Les Intendans des Orages,

Et tint le Destin lié.
Les Zéphirs étoient ses pages ;
Quant à ses Valets de pied ,
C'étoient Messieurs les Borées ,
Qui portoient par les contrées
Ses mandats souventes fois ,
Gens dispos , mais peu courtois.

Avec toute sa science
Elle ne put trouver du remede à l'Amour.
Damon la captiva : elle , dont la puissance
Eût arrêté l'Astre du jour ,
Brûle pour un mortel , qu'en vain elle souhaite
Posseder une nuit à son contentement.
Si Nérie eût voulu des baisers seulement ,
C'étoit une affaire faite.
Mais elle alloit au point : & ne marchandoit pas.
Damon , quoi qu'elle eût des appas ,
Ne pouvoit se résoudre à fausser la promesse
D'être fidéle à sa moitié ;
Et vouloit que l'Enchanteresse
Se tînt aux marques d'amitié.

Où sont-ils ces maris ? la race en est cessée ,
Et même je ne sçais si jamais on en vit.
L'Histoire en cet endroit est selon ma pensée
Un peu sujette à contredit :
L'Hippogrife n'a rien qui me choque l'esprit ,
Non plus que la lance enchantée :
Mais ceci , c'est un point qui d'abord me surprit :

Il paſſera pourtant, j'en ai fait paſſer d'autres.
Les gens d'alors étoient d'autres gens que les nôtres;
On ne vivoit pas comme on vit.

Pour venir à ſes fins, l'amoureuſe Nérie
Employa philtres & brevets,
Eut recours aux regards remplis d'affeterie,
Enfin n'omit aucuns ſecrets.
Damon à ces reſſorts oppoſoit l'Hymenée.
Nérie en fut fort étonnée.
Elle lui dit un jour : Votre fidélité
Vous paroît héroïque & digne de loüange ;
Mais je voudrois ſçavoir, comment de ſon côté
Caliſte en uſe, & lui rendre le change.
Quoi donc, ſi votre femme avoit un favori,
Vous feriez l'homme chaſte auprès d'une Maitreſſe?
Et pendant que Caliſte attrapant ſon mari
Pouſſeroit juſqu'au bout ce qu'on nomme tendreſſe,
Vous n'iriez qu'à moitié chemin ?
Je vous croyois beaucoup plus fin,
Et ne vous tenois pas homme de mariage.
Laiſſez les bons bourgeois ſe plaire en leur ménage;
C'eſt pour eux ſeuls qu'hymen fit les plaiſirs permis.
Mais vous! ne pas chercher ce qu'amour a d'exquis!
Les plaiſirs défendus n'auront rien qui vous pique?
Et vous les bannirez de votre République ?
Non non, je veux qu'ils ſoient déſormais vos amis.
Faites-en ſeulement l'épreuve ;
Il vous feront trouver Caliſte toute neuve,
Quand vous reviendrez au logis.

Apprenez tout au moins ſi votre femme eſt chaſte.
Je trouve qu'un certain Eraſte
Va chez vous fort aſſidûment.
Seroit-ce en qualité d'Amant,
Reprit Damon, qu'Eraſte nous viſite?
Il eſt trop mon ami pour toucher ce point-là.
Votre ami tant qu'il vous plaira,
Dit Nérie honteuſe & dépite,
Caliſte a des appas, Eraſte a du mérite;
Du côté de l'adreſſe il ne leur manque rien;
Tout cela s'accommode bien.

Ce diſcours porta coup, & fit ſonger notre homme.
Une Epouſe fringante, & jeune, & dans ſon feu,
Et prenant plaiſir à ce jeu,
Qu'il n'eſt pas beſoin que je nomme.
Un perſonnage expert aux choſes de l'amour,
Hardi comme un homme de Cour,
Bien fait, & promettant beaucoup de ſa perſonne.
Où Damon juſqu'alors avoit-il mis ſes yeux?
Car d'amis, mocquez-vous, c'eſt une bagatelle,
En eſt-il de religieux,
Juſqu'à deſemparer, alors que la Donzelle
Montre à demi ſon ſein, ſort du lit un bras blanc,
Se tourne, s'inquiéte, & regarde un Galant
En cent façons, de qui la moins friponne,
Veut dire, il y fait bon, l'heure du Berger ſonne;
Etes-vous ſourd? Damon a dans l'eſprit
Que tout cela s'eſt fait, du moins qu'il s'eſt pu faire.
Sur ce beau fondement le pauvre homme bâtit

Maint ombrage & mainte chimere.
Nérie en a bien-tôt le vent,
Et pour tourner en certitude
Le ſoupçon & l'inquiétude
Dont Damon s'eſt coëffé ſi malheureuſement;
L'Enchantereſſe lui propoſe
Une choſe.
C'eſt de ſe frotter le poignet
D'une eau dont les Sorciers ont trouvé le ſecret,
Et qu'ils appellent l'eau de la métamorphoſe,
Ou des miracles autrement.
Cette drogue en moins d'un moment,
Lui donneroit d'Eraſte & l'air, & le viſage,
Et le maintien, & le corſage,
Et la voix : Et Damon ſous ce feint perſonnage
Pourroit voir ſi Caliſte en viendroit à l'effet.
Damon n'attend pas davantage;
Il ſe frote, il devient l'Eraſte le mieux fait
Que la nature eût jamais fait.

En cet état il va trouver ſa femme :
Met la fleurette au vent; & cachant ſon ennui :
Que vous êtes belle aujourd'hui!
Lui dit-il : Qu'avez-vous, Madame,
Qui vous donne cet air d'un vrai jour de Printemps?
Caliſte qui ſçavoit les propos des Amans,
Tourna la choſe en raillerie.
Damon changea de batterie.
Pleurs & ſoûpirs furent tentés;
Et pleurs & ſoûpirs rebutés.

Califte étoit un roc; rien n'émouvoit la Belle.
Pour derniere machine, à la fin notre Epoux
Propofa de l'argent; & la fomme fut telle
Qu'on ne s'en mit point en couroux.
La quantité rend excufable.
Califte enfin l'inexpugnable
Commença d'écouter raifon.
Sa chafteté plia : car comment tenir bon
Contre ce dernier adverfaire?
Si tout ne s'enfuivit, il ne tint qu'à Damon.
L'argent en auroit fait l'affaire.
Et quelle affaire ne fait point
Ce bienheureux métal, l'argent maître du monde!
Soyez beau, bien difant, ayez perruque blonde,
N'omettez un feul petit point :
Un Financier viendra qui fous votre mouftache
Enlevera la Belle; & dès le premier jour
Il fera prefent du panache :
Vous languirez encore après un an d'amour.

L'argent fçut donc fléchir ce cœur inexorable.
Le rocher difparut : un mouton fuccéda;
Un mouton qui s'accommoda
A tout ce qu'on voulut, mouton doux & traitable;
Mouton, qui fur le point de ne rien refufer
Donna pour arrhes un baifer.
L'Epoux ne voulut pas pouffer plus loin la chofe,
Ni de fa propre honte être lui-même caufe.
Il reprit donc fa forme, & dit à fa moitié :
Ah! Califte, autrefois de Damon fi chérie,

Califte, que j'aimai cent fois plus que ma vie,
Califte, qui m'aimas d'une ardente amitié,
L'argent t'eft-il plus cher qu'une union fi belle ?
Je devrois dans ton fang éteindre ce forfait.
Je ne puis; & je t'aime encor toute infidéle:
a mort feule expiera le tort que tu m'as fait.

Notre Epoufe voyant cette métamorphofe
Demeura bien furprife: elle dit peu de chofe;
Les pleurs furent fon feul recours.
Le mari paffa quelques jours
A raifonner fur cette affaire:
Un Cocu fe pouvoit-il faire
Par la volonté feule & fans venir au point ?
L'étoit-il, ne l'étoit-il point ?
Cette difficulté fut encore éclaircie
Par Nérie.
Si vous êtes, dit-elle, en doute de cela,
Bûvez dans cette coupe là.
On la fit par tel art, que dès qu'un perfonnage
Duement atteint de cocuage
Y veut porter la lévre, auffi-tôt tout s'en va;
Il n'en avale rien, & répand le breuvage
Sur fon fein, fur fa barbe, & fur fon vêtement.
Que s'il n'eft point cenfé cocu fuffifamment,
Il boit tout fans répandre goutte.
Damon pour éclaircir fon doute
Porte la lévre au vafe: il ne fe répand rien.
C'eft, dit-il, reconfort; & pourtant je fçais bien
Qu'il n'a tenu qu'à moi. Qu'ai-je affaire de coupe?
Faites-

Faites-moi place en votre troupe
Meſſieurs de la grand'bande: Ainſi diſoit Damon;
Faiſant à ſa femelle un étrange ſermon.
Miſerables humains, ſi pour des cocuages
Il faut en ces païs faire tant de façon,
Allons-nous-en chez les Sauvages.

Damon de peur de pis établit des Argus
A l'entour de ſa femme, & la rendit Coquette;
Quand les Galans ſont défendus,
C'eſt alors que l'on les ſouhaite.
Le malheureux époux s'informe, s'inquiéte,
Et de tout ſon pouvoir court au-devant d'un mal,
Que la peur bien ſouvent rend aux hommes fatal.
De quart d'heure en quart d'heure il conſulte la taſſe;
Il y boit huit jours ſans diſgrace;
Mais à la fin il y boit tant,
Que le breuvage ſe répand.
Ce fut bien là le comble. O ſcience fatale!
Science, que Damon eût bien fait d'éviter!
Il jette de fureur cette coupe infernale;
Lui-même eſt ſur le point de ſe précipiter.
Il enferme ſa femme en une tour quarrée;
Lui va ſoir & matin reprocher ſon forfait.
Cette honte qu'auroit le ſilence enterrée,
Court le païs, & vit du vacarme qu'il fait.

Caliſte cependant mene une triſte vie.
Comme on ne lui laiſſoit argent ni pierrerie,
Le Géolier fut fidele; elle eut beau le tenter.

Enfin la pauvre malheureuse
Prend son tems que Damon plein d'ardeur amoureuse
Etoit d'humeur à l'écouter.
J'ai, dit-elle, commis une crime inexcusable ;
Mais quoi, suis-je la seule ? helas, non, peu d'époux
Sont exempts, ce dit-on, d'un accident semblable :
Que le moins entaché se moque un peu de vous :
Pourquoi donc être inconsolable ?
Hé bien, reprit Damon, je me consolerai,
Et même vous pardonnerai,
Tout incontinent que j'aurai
Trouvé de mes pareils une telle légende,
Qu'il s'en puisse former une armée assez grande
Pour s'appeller Royale. Il ne faut qu'employer
Le vase qui me sçut vos secrets révéler.
Le mari sans tarder executant la chose
Attire les passans ; tient table en son Château.
Sur la fin des repas à chacun il propose
L'essai de cette coupe, essai rare & nouveau.
Ma femme, leur dit-il, m'a quitté pour un autre ;
Voulez-vous sçavoir si la vôtre
Vous est fidéle ? Il est quelquefois bon
D'apprendre comme tout se passe à la maison.
En voici le moyen ; bûvez dans cette tasse.
Si votre femme de sa grace
Ne vous donne aucun suffragant,
Vous ne répandrez nullement.
Mais si du Dieu nommé Vulcan
Vous suivez la baniere, étant de nos confreres
En ces redoutables mysteres

De part & d'autre la boiſſon
Coulera ſur votre menton.
Autant qu'il s'en rencontre à qui Damon propoſe
Cette pernicieuſe choſe,
Autant en font l'eſſai : preſque tous y ſont pris.
Tel en rit, tel en pleure ; & ſelon les eſprits
Cocuage en plus d'une ſorte
Tient ſa morgue parmi ſes gens ;
Déja l'armée eſt aſſez forte
Pour faire corps, & battre aux champs.
La voila tantôt qui menace
Gouverneurs de petite place,
Et leur dît qu'ils ſeront pendus,
Si de tenir ils ont l'audace ;
Car pour être Royale il ne lui manque plus
Que peu de gens : c'eſt une affaire
Que deux ou trois mois peuvent faire.
Le nombre croît de jour en jour,
Sans que l'on batte le tambour.
Les différens degrés où monte cocuage
Réglent le pas & les emplois :
Ceux qu'il n'a viſités ſeulement qu'une fois
Sont Fantaſſins pour tout potage.
On fait les autres Cavaliers.
Quiconque eſt de ſes familiers,
On ne manque pas de l'élire
Ou Capitaine, ou Lieutenant,
Ou l'on lui donne un Régiment ;
Selon qu'entre les mains du ſire
Ou plus ou moins ſubitement

La liqueur du vaſe s'épand.
Un verſa tout en un moment ;
Il fut fait Général, & croyez que l'armée
De hauts Officiers ne manqua :
Plus d'un Intendant ſe trouva ;
Cette charge fut partagée.
Le nombre des ſoldats étant preſque complet,
Et plus que ſuffiſant pour ſe mettre en campagne ;
Renaud neveu de Charlemagne
Paſſe par ce Château : l'on l'y traite à ſouhait :
Puis le Seigneur du lieu lui fait
Même harangue qu'à la troupe.
Renaud dit à Damon ; grand merci de la coupe:
Je crois ma femme chaſte ; & cette foi ſuffit.
Quand la coupe me l'aura dit,
Que m'en reviendra-t-il ? cela ſera-t-il cauſe
De me faire dormir de plus que de deux yeux ?
Je dors d'autant graces aux Dieux :
Puis-je demander autre choſe ?
Que ſçai-je ? par hazard ſi le vin s'épandoit ;
Si je ne tenois pas votre vaſe aſſez droit ?
Je ſuis quelquefois mal adroit :
Si cette coupe enfin me prenoit pour un autre ;
Meſſire Damon, je ſuis vôtre :
Commandez-moi tout, hors ce point.
Ainſi Renaud partit, & ne hazarda point.
Damon dit : Celui-ci, Meſſieurs, eſt bien plus ſage
Que nous n'avons été : conſolons-nous pourtant :
Nous avons des pareils ; c'eſt un grand avantage.
Il s'en rencontra tant & tant,

Que l'armée à la fin Royale devenuë,
Califte eut liberté, felon le convenant:
Par fon mari chere tenuë,
Tout de même qu'auparavant.
Epoux, Renaud vous montre à vivre.
Pour Damon, gardez de le fuivre.
Peut-être le premier eût eu charge de l'oft,
Que fçait-on? nul mortel, foit Roland, foit Renaud,
Du danger de répandre exempt ne fe peut croire.
Charlemagne lui-même auroit eu tort de boire.

LE FAUCON.

Nouvelle tirée de Bocace.

JE me ſouviens d'avoir damné jadis
L'Amant avare, & je ne m'en dédis.
Si la raiſon des contraires eſt bonne,
Le liberal doit être en Paradis.
Je m'en raporte à Meſſieurs de Sorbonne.
Il étoit donc autrefois un Amant,
Qui dans Florence aima certaine femme.
Comment aimer ? c'étoit ſi follement,
Que pour lui plaire il eût vendu ſon ame.
S'agiſſoit-il de divertir la Dame ?
A pleines mains il vous jettoit l'argent :
Sachant très-bien qu'en amour comme en guerre,
On ne doit plaindre un métal qui fait tout,
Renverſe murs, jette portes par terre,

N'entteprend rien dont il ne vienne à bout ;
Fait taire chiens ; & quand il veut, ſervantes,
Et quand il veut, les rend plus éloquentes
Que Ciceron, & mieux perſuadantes :
Bref ne voudroit avoir laiſſé debout
Aucune place, & tant forte fût-elle.
Si laiſſa-t-il ſur ſes pieds notre Belle.
Elle tint bon ; Federic échoüa
Près de ce roc, & le nez s'y caſſa ;
Sans fruit aucun vendit & fricaſſa
Tout ſon avoir ; comme l'on pourroit dire
Belles Comtés, beaux Marquiſats de Dieu,
Qu'il poſſédoit en plus & plus d'un lieu.
Avant qu'aimer on l'appelloit Meſſire
A longue queuë ; enfin grace à l'Amour
Il ne fut plus que Meſſire tout court.
Rien ne reſta qu'une ferme au pauvre homme ;
Et peu d'amis ; même amis, Dieu ſçait comme !
Le plus zelé de tous ſe contenta,
Comme chacun, de dire c'eſt dommage.
Chacun le dit, & chacun s'en tint là :
Car de prêter, à moins que ſur bon gage,
Point de nouvelle : on oublia les dons,
Et le mérite, & les belles raiſons
De Federic, & ſa premiere vie.
Le Proteſtant de Madame Clitie
N'eut du crédit qu'autant qu'il eut du fonds.
Tant qu'il dura, le Bal, la Comedie
Ne manqua point à cet heureux objet :
De maints tournois elle fut le ſujet ;

Faiſant gagner marchands de toutes guiſes ;
Faiſeurs d'habits, & faiſeurs de deviſes,
Muſiciens, gens du ſacré vallon :
Federic eut à ſa table Apollon.
Femme n'étoit ni fille dans Florence,
Qui n'employât pour débaucher le cœur
Du Cavalier, l'une un mot ſuborneur,
L'autre un coup d'œil, l'autre quelqu'autre avance ;
Mais tout cela ne faiſoit que blanchir.
Il aimoit mieux Clitie inexorable,
Qu'il n'auroit fait Hélene favorable ;
Concluſion, qu'il ne la put fléchir.

Or en ce train de dépenſe effroyable,
Il envoya les Marquiſats au diable
Premierement ; puis en vint aux Comtés ;
Titres par lui plus qu'aucuns regrettés,
Et dont alors on faiſoit plus de compte.
De-là les monts chacun veut être Comte,
Ici Marquis, Baron peut-être ailleurs :
Je ne ſçai pas leſquels ſont les meilleurs.
Mais je ſçai bien qu'avecque la patente
De ces beaux noms on s'en aille au marché,
L'on reviendra comme on étoit allé ;
Prenez le titre, & laiſſez-moi la rente.
Clitie avoit auſſi beaucoup de bien :
Son mari même étoit grand terrien.
Ainſi jamais la belle ne prit rien,
Argent ni dons, mais ſouffrit la dépenſe,
Et les cadeaux, ſans croire pour cela

Etre

Etre obligée à nulle récompenſe.
S'il m'en ſouvient, j'ai dit qu'il ne reſta
Au pauvre Amant rien qu'une métairie,
Chétive encor, & pauvrement bâtie.
Là Federic alla ſe confiner;
Honteux qu'on vît ſa miſere à Florence;
Honteux encor de n'avoir ſçu gagner
Ni par amour, ni par magnificence,
Ni par ſix ans de devoirs & de ſoins,
Une beauté qu'il n'en aimoit pas moins.
Il s'en prenoit à ſon peu de mérite,
Non à Clitie; elle n'oüit jamais,
Ni pour froideurs, ni pour autres ſujets,
Plainte de lui ni grande ni petite.
Notre amoureux ſubſiſta comme il put
Dans ſa retraite, où le pauvre homme n'eut
Pour le ſervir qu'une vieille édentée,
Cuiſine froide & fort peu fréquentée;
A l'écurie un cheval aſſez bon,
Mais non pas fin: ſur la perche un Faucon.
Donc à l'entour de cette métairie
Défunt Marquis s'en alloit ſans valets,
Sacrifiant à ſa mélancolie
Maintes perdrix, qui, las! ne pouvoient mais
Des cruautés de Madame Clitie.
Ainſi vivoit le malheureux Amant;
Sage s'il eût, en perdant ſa fortune,
Perdu l'amour qui l'alloit conſumant;
Mais de ſes feux la mémoire importune
Le talonnoit: toujours un double ennui

Alloit en croupe à la chaſſe avec lui.
Mort vint ſaiſir le mari de Clitie.
Comme ils n'avoient qu'un fils pour tous enfans,
Fils n'ayant pas pour un pouce de vie,
Et que l'Epoux, dont les biens étoient grands,
Avoit toujours conſideré ſa femme ;
Par teſtament il déclare la Dame
Son héritiére, arrivant le décès
De l'enfançon, qui peu de tems après
Devint malade. On ſçait que d'ordinaire
A ſes enfans mere ne ſçait que faire,
Pour leur montrer l'amour qu'elle a pour eux ;
Zéle ſouvent aux enfans dangereux.
Celle-ci tendre & fort paſſionnée
Autour du ſien eſt toute la journée,
Lui demandant ce qu'il veut, ce qu'il a,
S'il mangeroit volontiers de cela,
Si ce joüet, enfin ſi cette choſe
Eſt à ſon gré. Quoi que l'on lui propoſe,
Il le refuſe, & pour toute raiſon
Il dit qu'il veut ſeulement le Faucon
De Federic, pleure & méne une vie
A faire gens de bon cœur déteſter :
Ce qu'un enfant a dans la fantaiſie,
Incontinent il faut l'exécuter,
Si l'on ne veut l'oüir toujours crier.
Or il eſt bon de ſçavoir que Clitie,
A cinq cens pas de cette métairie,
Avoit du bien, poſſedoit un Château ;
Ainſi l'enfant avoit pû de l'oiſeau

Oüir parler. On en disoit merveilles,
On en contoit des choses nompareilles :
Que devant lui jamais une perdrix
Ne se sauvoit, & qu'il en avoit pris
Tant ce matin, tant cette après-dînée.
Son maître n'eût donné pour un trésor
Un tel Faucon. Qui fut bien empêchée,
Ce fut Clitie. Aller ôter encor
A Federic l'unique & seule chose
Qui lui restoit ; & supposé qu'elle ose,
Lui demander ce qu'il a pour tout bien,
Auprès de lui méritoit-elle rien ?
Elle l'avoit payé d'ingratitude ;
Point de faveurs, toujours hautaine & rude
En son endroit. De quel front s'en aller
Après cela le voir & lui parler,
Ayant été cause de sa ruine ?
D'autre côté l'enfant s'en va mourir :
Refuse tout ; tient tout pour médecine :
Afin qu'il mange il faut l'entretenir
De ce Faucon ; il se tourmente, il crie :
S'il n'a l'oiseau c'en est fait de sa vie.
Ces raisons-ci l'emportérent enfin.
Chez Federic la Dame un beau matin
S'en va sans suite & sans nul équipage.
Federic prend pour un Ange des Cieux
Celle qui vient d'apparoître à ses yeux.
Mais cependant, il a honte, il enrage
De n'avoir pas chez soi pour lui donner
Tant seulement un malheureux dîner.

Le pauvre état où sa Dame le trouve
Le rend confus. Il dit donc à la veuve :
Quoi venir voir le plus humble de ceux
Que vos beautés ont rendu amoureux !
Un villageois, un haire, un miserable !
C'est trop d'honneur, votre bonté m'accable.
Assurément vous alliez autre part.
A ce propos notre veuve repart :
Non, non, Seigneur, c'est pour vous la visite ;
Je viens manger avec vous ce matin.
Je n'ai, dit-il, cuisinier ni marmite :
Que vous donner ? N'avez-vous pas du pain,
Reprit la Dame ? Incontinent lui-même
Il va chercher quelque œuf au poulailler,
Quelque morceau de lard en son grenier.
Le pauvre Amant en ce besoin extrême
Voit son Faucon, sans raisonner le prend,
Lui tord le cou, le plume, le fricasse,
Et l'assaisonne, & court de place en place.
Tandis la vieille a soin du demeurant,
Foüille au bahu, choisit pour cette fête
Ce qu'ils avoient de linge plus honnête,
Met le couvert, va cueillir au jardin
Du serpolet, un peu de romarin,
Cinq ou six fleurs, dont la table est jonchée.
Pour abreger, on sert la fricassée.
La Dame en mange, & feint d'y prendre goût.
Le repas fait, cette femme résoud
De hazarder l'incivile requête,
Et parle ainsi : Je suis folle, Seigneur,

De m'en venir vous arracher le cœur.
Encor un coup il ne m'eſt guere honnête
De demander à mon défunt Amant
L'oiſeau qui fait ſon ſeul contentement :
Doit-il pour moi s'en priver un moment ?
Mais excuſez une mere affligée ;
Mon fils ſe meurt : il veut votre Faucon.
Mon procédé ne mérite un tel don ;
La raiſon veut que je ſois refuſée.
Je ne vous ai jamais accordé rien.
Votre repos, votre honneur, votre bien,
S'en ſont allés aux plaiſirs de Clitie.
Vous m'aimiez plus que votre propre vie.
A cet amour j'ai très-mal répondu :
Et je m'en viens pour comble d'injuſtice
Vous demander .... & quoi ? c'eſt tems perdu ;
Votre Faucon. Mais non, plûtôt périſſe
L'enfant, la mere, avec le demeurant,
Que de vous faire un déplaiſir ſi grand.
Souffrez ſans plus que cette triſte mere,
Aimant d'amour la choſe la plus chere
Que jamais femme au monde puiſſe avoir,
Un fils unique, une unique eſperance,
S'en vienne au moins s'acquitter du devoir
De la nature ; & pour toute allégeance
En votre ſein décharge ſa douleur.
Vous ſçavez bien par votre expérience
Que c'eſt d'aimer : vous le ſçavez, Seigneur.
Ainſi je crois trouver chez vous excuſe.
Hélas ! reprit l'Amant infortuné,

L'oiſeau n'eſt plus ; vous en avez dîné.
L'oiſeau n'eſt plus ! dit la Veuve confuſe.
Non, reprit-il ; plût au Ciel vous avoir
Servi mon cœur, & qu'il eût pris la place
De ce Faucon ! mais le ſort me fait voir
Qu'il ne ſera jamais en mon pouvoir
De meriter de vous aucune grace.
En mon paillier rien ne m'étoit reſté :
Depuis deux jours la bête a tout mangé.
J'ai vû l'oiſeau ; je l'ai tué ſans peine :
Rien coûte-t-il quand on reçoit ſa Reine ?
Ce que je puis pour vous eſt de chercher
Un bon Faucon ; ce n'eſt choſe ſi rare
Que dès demain nous n'en puiſſions trouver.
Non Federic, dit-elle, je déclare
Que c'eſt aſſez, vous ne m'avez jamais
De votre amour donné plus grande marque.
Que mon fils ſoit enlevé par la Parque,
Ou que le Ciel le rende à mes ſouhaits,
J'aurai pour vous de la reconnoiſſance.
Venez me voir, donnez-m'en l'eſperance.
Encore un coup venez nous viſiter.
Elle partit, non ſans lui preſenter
Une main blanche, unique témoignage
Qu'Amour avoit amolli ce courage.
Le pauvre Amant prit la main, la baiſa,
Et de ſes pleurs quelque tems l'arroſa.
Deux jours après l'enfant ſuivit le pere.
Le deuil fut grand : la trop dolente mere
Fit dans l'abord force larmes couler.

Mais comme il n'eſt peine d'ame ſi forte
Qu'il ne s'en faille à la fin conſoler,
Deux Médecins la traitérent de ſorte
Que ſa douleur eut un terme aſſez court ;
L'un fut le tems, & l'autre fut l'Amour.
On épouſa Federic en grand'pompe ;
Non ſeulement par obligation,
Mais qui plus eſt, par inclination,
Par amour même. Il ne faut qu'on ſe trompe
A cet exemple, & qu'un pareil eſpoir
Nous faſſe ainſi conſumer notre avoir.
Femmes ne ſont toutes reconnoiſſantes.
A cela près, ce ſont choſes charmantes.
Sous le Ciel n'eſt un plus bel animal.
Je n'y comprens le ſexe en général.
Loin de cela j'en vois peu d'avenantes.
Pour celles-ci quand elles ſont aimantes,
J'ai les deſſeins du monde les meilleurs,
Les autres n'ont qu'à ſe pourvoir ailleurs.

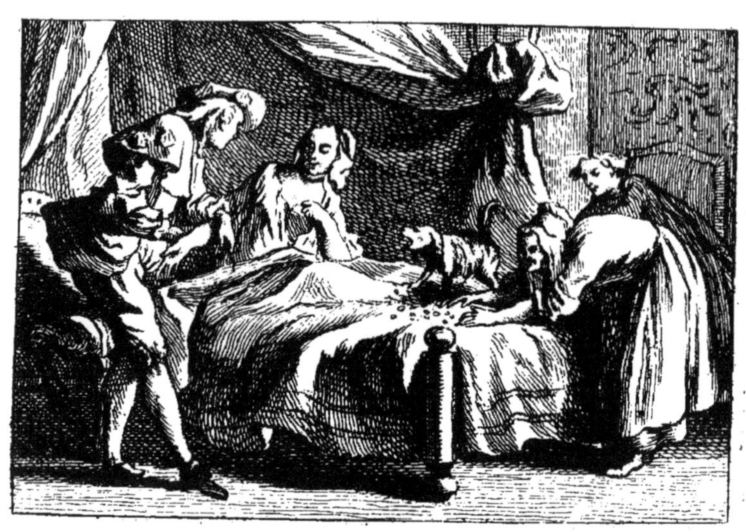

LE PETIT CHIEN

QUI SECOUE DE L'ARGENT ET DES PIERRERIES.

LA clef du coffre fort & des cœurs c'eſt la même,
Que ſi ce n'eſt celle des cœurs,
C'eſt du moins celle des faveurs.
Amour doit à ce ſtratagême
La plus grand'part de ſes exploits :
A-t-il épuiſé ſon carquois ?
Il met tout ſon ſalut en ce charme ſuprême.
Je tiens qu'il a raiſon : car qui hait les préſens ?
Tous les humains en ſont friands,
Princes, Rois, Magiſtrats : ainſi quand une belle
En croira l'uſage permis,
Quand Venus ne fera que ce que fait Themis,

Je

Je ne m'écrierai pas contre elle.
On a bien plus d'une querelle
A lui faire ſans celle-là.

Un Juge Mantoüan belle femme épouſa.
Il s'apelloit Anſelme : on la nommoit Argie ;
Lui déja vieux barbon, elle jeune & jolie,
Et de tous charmes aſſortie.
L'Epoux non content de celà
Fit ſi bien par ſa jalouſie,
Qu'il rehauſſa de prix celle-là qui d'ailleurs
Méritoit de ſe voir ſervie
Par les plus beaux & les meilleurs.
Elle le fut auſſi : d'en dire la maniere,
Et comment s'y prit chaque Amant,
Il ſeroit long : ſuffit que cet objet charmant
Les laiſſa ſoupirer, & ne s'en émut guére.

Amour établiſſoit chez le Juge ſes loix,
Quand l'Etat Mantoüan, pour choſe de grand poids,
Réſolut d'envoyer Ambaſſade au ſaint Pere.
Comme Anſelme étoit Juge & de plus Magiſtrat,
Vivoit avec aſſez d'éclat,
Et ne manquoit pas de prudence,
On le députe en diligence.
Ce ne fut pas ſans réſiſter
Qu'au choix qu'on fit de lui conſentit le bon homme;
L'affaire étoit longue à traiter,
Il devoit demeurer dans Rome
Six mois, & plus encore ; que ſçavoit-il combien ?

Tant d'honneur pouvoit nuire au conjugal lien ;
Longue Ambaſſade & long voyage
Aboutiſſent à cocuage.
Dans cette crainte notre Epoux
Fit cette harangue à la Belle.
On nous ſépare Argie : adieu, ſoyez fidéle
A celui qui n'aime que vous.
Jurez-le-moi ; car entre nous
J'ai ſujet d'être un peu jaloux.
Que fait autour de notre porte
Cette ſoûpirante cohorte ?
Vous me direz que juſqu'ici
La cohorte a mal réuſſi.
Je le crois ; cependant pour plus grande aſſurance,
Je vous conſeille en mon abſence
De prendre pour ſéjour notre maiſon des champs ;
Fuyez la Ville & les Amans,
Et leurs preſens ;
L'invention en eſt damnable ;
Des machines d'Amour c'eſt la plus redoutable ;
De tout tems le monde a vû don
Etre le pere d'abandon.
Déclarez-lui la guerre, & ſoyez ſourde, Argie,
A ſa ſœur la cajolerie.
Dès que vous ſentirez approcher les blondins,
Fermez vîte vos yeux, vos oreilles, vos mains.
Rien ne vous manquera : je vous fais la maîtreſſe
De tout ce que le Ciel m'a donné de richeſſe :
Tenez, voilà les clefs de l'argent, des papiers ;
Faites-vous payer des fermiers ;

Je ne vous demande aucun compte :
Suffit que je puiffe fans honte
Apprendre vos plaifirs ; je vous les permets tous,
Hors ceux d'amour, qu'à votre Epoux
Vous garderez entiers pour fon retour de Rome.
C'en étoit trop pour le bon homme :
Hélas il permettoit tous plaifirs, hors un point
Sans lequel feul il n'en eft point.
Son Epoufe lui fit promeffe folemnelle,
D'être fourde, aveugle, & cruelle,
Et de ne prendre aucun prefent ;
Il la retrouveroit au retour toute telle,
Qu'il la laiffoit en s'en allant,
Sans nul veftige de Galant.

Anfelme étant parti, tout auffi-tôt Argie
S'en alla demeurer aux champs :
Et tout auffi-tôt les Amans
De l'aller voir firent partie.
Elle les renvoya : ces gens l'embarraffoient,
L'atiédiffoient, l'affadiffoient,
L'endormoient en contant leur flâme :
Ils déplaifoient tous à la Dame,
Hormis certain jeune blondin,
Bien fait, & beau par excellence :
Mais qui ne put par fa fouffrance
Amener à fon but cet objet inhumain.

Son nom c'étoit Atis, fon métier Paladin :
Il ne plaignit en fon deffein

Ni les soûpirs ni la dépense :
Tout moyen par lui fut tenté.
Encor si des soupirs il se fût contenté ;
La source en est inépuisable ;
Mais de la dépense c'est trop.
Le bien de notre Amant s'en va le grand galop :
Voilà mon homme miserable.
Que fait-il? il s'éclipse, il part, il va chercher
Quelque desert pour se cacher.
En chemin il rencontre un homme,
Un Manant, qui fouillant avecque son bâton,
Vouloit faire sortir un serpent d'un buisson,
Atis s'enquit de la raison.
C'est, reprit le Manant, afin que je l'assomme.
Quand j'en rencontre sur mes pas,
Je leur fais de pareilles fêtes.
Ami, reprit Atis, laissez-le; n'est-il pas
Créature de Dieu comme les autres bêtes ?
Il est à remarquer que notre Paladin,
N'avoit pas cettehorreur commune au genrehumain,
Contre la gent reptile, & toute son espece :
Dans ses armes il en portoit,
Et de Cadmus il descendoit,
Celui-là qui devint serpent sur sa vieillesse.
Force fut au Manant de quitter son dessein.
Le serpent se sauva. Notre Amant à la fin,
S'établit dans un bois écarté, solitaire.
Le silence y faisoit sa demeure ordinaire,
Hors quelque oiseau qu'on entendoit,
Et quelque Echo qui répondoit.

Là le bonheur & la misere
Ne se distinguoient point : égaux en dignité
Chez les loups qu'hebergeoit ce lieu peu fréquenté.
Atis n'y rencontra nulle tranquillité.
Son amour l'y suivit, & cette solitude
Bien loin d'être un remede à son inquiétude,
En devint même l'aliment
Par le loisir qu'il eut d'y plaindre son tourment.
Il s'ennuya bien-tôt de ne plus voir sa Belle.
Retournons, ce dit-il, puisque c'est notre sort :
Atis, il t'est plus doux encor
De la voir ingrate & cruelle,
Que d'être privé de ses traits.
Adieu ruisseaux, ombrages frais,
Chants amoureux de Philomele,
Mon inhumaine seule attire à soi mes sens :
Eloigné de ses yeux je ne vois ni n'entends.
L'esclave fugitif se va remettre encore
En ses fers, quoique durs, mais hélas ! trop chéris.
Il approchoit des murs qu'une Fée a bâtis,
Quand sur les bords du Mince, à l'heure que l'Aurore
Commence à s'éloigner du séjour de Thetis,
Une Nymphe en habit de Reine,
Belle, majestueuse, & d'un regard charmant,
Vint s'offrir tout d'un coup aux yeux du pauvre amant
Qui rêvoit alors à sa peine.

Je veux, dit-elle, Atis, que vous soyez heureux,
Je le veux : je le puis, étant Manto la Fée,
Votre amie & votre obligée.

Vous connoiſſez ce nom fameux.
Mantouë en tient le ſien ; jadis en cette terre,
J'ai poſé la premiere pierre
De ces murs, en durée égaux aux bâtimens,
Dont Memphis voit le Nil laver les fondemens.
La Parque eſt inconnuë à toutes mes pareilles.
Nous operons mille merveilles :
Malheureuſe pourtant de ne pouvoir mourir ;
Car nous ſommes d'ailleurs capables de ſouffrir
Toute l'infirmité de la nature humaine :
Nous devenons ſerpens un jour de la ſemaine.
Vous ſouvient-il qu'en ce lieu-ci
Vous en tirâtes un de peine ?
C'étoit moi ? qu'un Manant s'en alloit aſſommer ;
Vous me donnâtes aſſiſtance.
Atis je veux, pour récompenſe,
Vous procurer la joüiſſance
De celle qui vous fait aimer.
Allons-nous-en la voir : je vous donne aſſurance
Qu'avant qu'il ſoit deux jours de tems
Vous gagnerez par vos preſens
Argie & tous ſes ſurveillans.
Dépenſez, diſſipez, donnez à tout le monde,
A pleines mains répandez l'or,
Vous n'en manquerez point: c'eſt pour vous le tréſor
Que Lucifer me garde en ſa grote profonde.
Votre Belle ſçaura quel eſt notre pouvoir.
Même pour m'approcher de cette inexorable,
Et vous la rendre favorable,
En petit chien vous m'allez voir

Faiſant mille tours ſur l'herbette ;
Et vous en pelerin joüant de la muſette,
Me pourrez à ce ſon mener chez la beauté
Qui tient votre cœur enchanté.

Auſſi-tôt fait que dit ; notre Amant & la Fée
Changent de forme en un inſtant :
Le voilà pelerin chantant comme un Orphée,
Et Manto petit chien, faiſant tours & ſautant.
Ils vont au Château de la Belle.
Valets & gens du lieu s'aſſemblent autour d'eux.
Le petit chien fait rage ; auſſi fait l'amoureux :
Chacun danſe, & Guillot fait ſauter Perronnelle.
Madame entend ce bruit, & ſa Nourrice y court.
On lui dit qu'elle vienne admirer à ſon tour
Le Roi des épagneux, charmante créature,
Et vrai miracle de nature.
Il entend tout, il parle, il danſe, il fait cent tours :
Madame en fera ſes amours ;
Car veuille ou non ſon maître, il faut qu'il le lui vende
S'il n'aime mieux le lui donner.
La Nourrice fait la demande.
Le pelerin ſans tant tourner
Lui dit tout bas le prix qu'il veut mettre à la choſe ;
Et voici ce qu'il lui propoſe.

Mon chien n'eſt point à vendre, à donner encor moins,
Il fournit à tous mes beſoins :
Je n'ai qu'à dire trois paroles,
Sa pate entre mes mains fait tomber à l'inſtant

Au lieu de puces des piſtoles,
Des perles, des rubis, avec maint diamant.
C'eſt un prodige enfin. Madame cependant
En a, comme on dit, la monnoye.
Pourvû que j'aie cette joie
De coucher avec elle une nuit ſeulement;
Favori ſera ſien dès le même moment.

La propoſition ſurprit fort la Nourrice.
Quoi Madame l'Ambaſſadrice!
Un ſimple Pelerin! Madame à ſon chevet
Pourroit voir un bourdon! & ſi l'on le ſçavoit!
Si cette même nuit quelque Hôpital avoit
Hebergé le Chien & ſon Maître!
Mais ce Maitre eſt bien fait, & beau comme le jour:
Cela fait paſſer en amour
Quelque bourdon que ce puiſſe être.
Atis avoit changé de viſage & de traits.
On ne le connut pas, c'étoient d'autres attraits.
La Nourrice ajoûtoit: à gens de cette mine
Comment peut-on refuſer rien?
Puis celui-ci poſſedoit un Chien
Que le Royaume de la Chine
Ne payeroit pas de tout ſon or:
Une nuit de Madame auſſi c'eſt un treſor.
J'avois oublié de vous dire
Que le drôle à ſon Chien feignit de parler bas.
Il tombe auſſi-tôt dix ducats,
Qu'à la Nourrice offre le Sire.
Il tombe encor un diamant,

Atis

Atis en riant le ramasse.
C'eſt, dit-il, pour Madame, obligez-moi de grace
De le lui preſenter avec mon compliment.
Vous direz à ſon Excellence
Que je lui ſuis acquis. La Nourrice à ces mots
Court annoncer en diligence
Le petit Chien & ſa ſcience;
Le Pelerin & ſon propos.
Il ne s'en falut rien qu'Argie
Ne battit ſa Nourrice. Avoir l'effronterie
De lui mettre en l'eſprit une telle infamie!
Avec qui? Si c'étoit encor le pauvre Atis!
Hélas! mes cruautés ſont cauſe de ſa perte.
Il ne me propoſa jamais de tels partis.
Je n'aurois pas d'un Roi cette choſe ſoufferte,
Quelque don que l'on pût m'offrir.
Et d'un porte-bourdon je la pourrois ſouffrir,
Moi qui ſuis une Ambaſſadrice!
Madame, reprit la Nourrice,
Quand vous ſeriez Impératrice,
Je vous dis que ce Pelerin
A de quoi marchander non pas une mortelle;
Mais la Déeſſe la plus belle.
Atis votre beau Paladin
Ne vaut pas ſeulement un doigt du perſonnage.
Mais mon mari m'a fait jurer.
Eh quoi? de lui garder la foi du mariage.
Bon, jurer? ce ſerment vous lie-t-il davantage
Que le premier n'a fait? qui l'ira déclarer?
Qui le ſçaura? j'en vois marcher tête levée,

Qui n'iroient pas ainsi, j'ose vous l'assurer,
Si sur le bout du nez tache pouvoit montrer,
Que telle chose est arrivée :
Cela nous fait-il empirer
D'un ongle ou d'un cheveu? non, Madame, il faut être
Bien habile pour reconnoître
Bouche ayant employé son tems & ses apas
D'avec bouche qui s'est tenuë à ne rien faire :
Donnez-vous, ne vous donnez pas,
Ce sera toujours même affaire.
Pour qui ménagez-vous les tresors de l'Amour?
Pour celui qui je crois ne s'en servira guere;
Vous n'aurez pas grand'peine à fêter son retour.
La fausse vieille sçut tant dire,
Que tout se reduisit seulement à douter
Des merveilles du Chien, & des charmes du Sire:
Pour cela l'on les fit monter.
La Belle étoit au lit encore.
L'Univers n'eut jamais d'aurore
Plus paresseuse à se lever.
Notre heureux Pelerin traversa la ruelle,
Comme un homme ayant vû d'autres gens que des Saints.
Son compliment parut galant, & des plus fins;
Il surprit & charma la Belle.
Vous n'avez pas, ce lui dit-elle,
La mine de vous en aller
A saint Jacque de Compostelle.
Cependant pour la régaler,
Le Chien à son tour entre en lice.

On eût vu ſauter favori
Pour la Dame & pour la Nourrice,
Mais point du tout pour le Mari.
Ce n'eſt pas tout, il ſe ſecoue :
Auſſi-tôt perles de tomber,
Nourrice de les ramaſſer,
Soubrettes de les enfiler,
Pelerin de les attacher
A de certains bras, dont il loue
La blancheur & le reſte. Enfin il fait ſi bien,
Qu'avant que partir de la place
On traite avec lui de ſon Chien.
On lui donne un baiſer pour arrhes de la grace
Qu'il demandoit ; & la nuit vint.
Auſſi-tôt que le drôle tint
Entre ſes bras Madame Argie,
Il redevint Atis : la Dame en fut ravie.
C'étoit avec bien plus d'honneur
Traiter Monſieur l'Ambaſſadeur.
Cette nuit eut des ſœurs, & même en très-bon nombre.
Chacun s'en apperçut, car d'enfermer ſous l'ombre
Une telle aiſe, le moyen ?
Jeunes gens font-ils jamais rien
Que le plus aveugle ne voye ?

A quelques mois de là le ſaint Pere renvoye
Anſelme avec force Pardons,
Et beaucoup d'autres menus dons.
Les biens & les honneurs pleuvoient ſur ſa perſonne,
De ſon Vicegerent il apprend tous les ſoins :

Bons certificats des voiſins :
Pour les valets, nul ne lui donne
D'éclairciſſement ſur cela.
Monſieur le Juge interrogea
La Nourrice avec les Soubrettes,
Sages perſonnes & diſcrettes ;
Il n'en put tirer ce ſecret.
Mais comme parmi les femelles
Volontiers le Diable ſe met,
Il ſurvint de telles querelles,
La Dame & la Nourrice eurent de tels debats ;
Que celle-ci ne manqua pas
A ſe venger de l'autre, & déclarer l'affaire.
Dût-elle auſſi ſe perdre, il falut tout conter.
D'exprimer juſqu'où la colere
Ou plûtôt la fureur de l'Epoux put monter,
Je ne tiens pas qu'il ſoit poſſible ;
Ainſi je m'en tairai : on peut par les effets
Juger combien Anſelme étoit homme ſenſible.
Il choiſit un de ſes valets,
Le charge d'un billet, & mande que Madame
Vienne voir ſon Mari malade en la Cité :
La belle n'avoit point ſon Village quitté.
L'Epoux alloit, venoit, & laiſſoit là ſa femme :
Il te faut en chemin écarter tous ſes gens,
Dit Anſelme au porteur de ces ordres preſſans ;
La perfide a couvert mon front d'ignominie.
Pour ſatisfaction je veux avoir ſa vie.
Poignarde là, mais prend ton tems :
Tâche de te ſauver ; voilà pour ta retraite,

Prends cet or : ſi tu fais ce qu'Anſelme ſouhaite,
Et punis cette offenſe-là,
Quelque part que tu ſois, rien ne te manquera.

Le valet va trouver Argie,
Qui par ſon Chien eſt avertie.
Si vous me demandez comme un Chien avertit,
Je crois que par la jupe il tire,
Il ſe plaint, il jappe, il ſoûpire,
Il en veut à chacun ; pour peu qu'on ait d'eſprit ;
On entend bien ce qu'il veut dire.
Favori fit bien plus ; & tout bas il apprit
Un tel péril à ſa Maîtreſſe.
Partez pourtant, dit-il, on ne vous fera rien :
Repoſez-vous ſur moi, j'en empêcherai bien :
Ce valet a l'ame traîtreſſe.
Ils étoient en chemin, près d'un bois qui ſervoit
Souvent aux voleurs de refuge,
Le Miniſtre cruel des vengeances du Juge
Envoye un peu devant le train qui les ſuivoit,
Puis il dit l'ordre qu'il avoit.
La Dame diſparoit aux yeux du perſonnage ;
Manto la cache en un nuage.
Le valet étonné retourne vers l'Epoux,
Lui conte le miracle, & ſon Maître en couroux
Va lui-même à l'endroit. O prodige ! ô merveille !
Il y trouve un Palais de beauté ſans pareille :
Une heure auparavant c'étoit un champ tout nû.
Anſelme à ſon tour éperdu,
Admire ce Palais bâti, non pour des hommes,

Mais apparemment pour des Dieux,
Appartemens dorés, meubles très-précieux;
Jardins & bois délicieux:
On auroit peine à voir en ce ſiécle où nous ſommes
Choſe ſi magnifique & ſi riante aux yeux.
Toutes les portes ſont ouvertes;
Les chambres ſans hôte, & deſertes:
Pas une ame en ce Louvre, excepté qu'à la fin
Un More très-lipu, très-hideux, très-vilain,
S'offre aux regards du Juge, & ſemble la copie
D'un Eſope d'Ethiopie.
Notre Magiſtrat l'ayant pris
Pour le Balayeur du logis,
Et croyant l'honorer lui donnant cet office,
Cher ami, lui dit-il, apprend-nous à quel Dieu
Appartient un tel édifice:
Car de dire un Roy, c'eſt trop peu.
Il eſt à moi, reprit le More.
Notre juge à ces mots ſe proſterne, l'adore;
Lui demande pardon de ſa témérité.
Seigneur, ajoûta-t-il, que votre Déité
Excuſe un peu mon ignorance.
Certes tout l'Univers ne vaut pas la chevance;
Que je rencontre ici. Le More lui répond:
Veux-tu que je t'en faſſe un don?
De ces lieux enchantés je te rendrai le Maître,
A certaine condition.
Je ne ris point; tu pourras être
De ces lieux abſolu Seigneur,
Si tu me veux ſervir deux jours d'enfant d'honneur.

Entens-tu ce langage,
Et ſçais-tu quel eſt cet uſage ?
Il te le faut expliquer mieux.
Tu connois l'Echanſon du Monarque des Dieux ?

Anſelme.

Ganimede ?

Le More.

Celui-là même.
Prend que je ſois Jupin, le Monarque ſuprême;
Et que tu ſois le Jouvenceau :
Tu n'es pas tout à fait ſi jeune ni ſi beau.

Anſelme.

Ah! Seigneur, vous raillez, c'eſt choſe par trop ſûre:
Regardez la vieilleſſe, & la Magiſtrature.

Le More.

Moi railler ? point du tout.

Anſelme.

Seigneur.

Le More.

Ne veux-tu point ?

Anſelme.

Seigneur.... Anſelme ayant examiné ce point
Conſent à la fin au myſtere.
Maudit amour des dons, que ne fais-tu pas faire !
En page incontinent ſon habit eſt changé :
Toque au lieu de chapeau, haut-de-chauſſe trouſſé ;
La barbe ſeulement demeure au perſonnage.
L'enfant d'honneur Anſelme avec cet équipage
Suit le More par tout. Argie avoit oüi
Le Dialogue entier, en certain coin cachée.

Pour le More lipu, c'étoit Manto la Fée,
Par ſon art métamorphoſée;
Et par ſon art ayant bâti
Ce Louvre en un moment, par ſon art fait un Page
Sexagenaire & grave. A la fin au paſſage
D'une chambre en une autre, Argie à ſon mari
Se montre tout d'un coup : eſt ce Anſelme, dit-elle,
Que je vois ainſi déguiſé ?
Anſelme ! il ne ſe peut; mon œil s'eſt abuſé.
Le vertueux Anſelme à la ſage cervelle
Me voudroit-il donner une telle leçon ?
C'eſt lui pourtant. Oh, oh ! Monſieur notre barbon,
Notre Legiſlateur, notre homme d'ambaſſade,
Vous êtes à cet âge homme de maſcarade ?
Homme de ... la pudeur me défend d'achever.
Quoi, vous jugez les gens à mort pour mon affaire,
Vous qu'Argie a penſé trouver
En un fort plaiſant adultére !
Du moins n'ai-je pas pris un More pour Galant :
Tout me rend excuſable; Atis, & ſon mérite
Et la qualité du preſent.
Vous verrez tout incontinent,
Si femme qu'un tel don à l'amour ſollicite
Peut réſiſter un ſeul moment.
More, devenez Chien. Tout auſſi-tôt le More
Redevint petit Chien encore.
Favori, que l'on danſe : à ces mots Favori
Danſe, & tend la pate au mari.
Qu'on faſſe tomber des piſtoles ;
Piſtoles tombent à foiſon.

Eh

Eh bien qu'en dites-vous ? ſont ce choſes frivoles ?
C'eſt de ce Chien qu'on m'a fait don.
Il a bâti cette maiſon.
Puis faites-moi trouver au monde une Excellence ;
Une Alteſſe, une Majeſté,
Qui refuſe ſa joüiſſance
A dons de cette qualité ;
Sur-tout quand le donneur eſt bien-fait, & qu'il aime,
Et qu'il mérite d'être aimé.
En échange du Chien l'on me vouloit moi-même ;
Ce que vous poſſedez de trop je l'ai donné ;
Bien entendu, Monſieur, ſuis-je choſe ſi chere ?
Vraiment vous me croiriez bien pauvre ménagere,
Si je laiſſois aller tel Chien à ce prix-là.
Sçavez-vous qu'il a fait le Louvre que voilà ?
Le Louvre pour lequel ... mais oublions cela,
Et n'ordonnez plus qu'on me tuë,
Moi qu'Atis ſeulement en ſes lacs a fait cheoir :
Je le donne à Lucrece, & voudrois bien la voir
Des mêmes armes combattuë.
Touchez-là mon mari ; la paix ; car auſſi-bien
Je vous défie ayant ce Chien :
Le fer, ni le poiſon pour moi ne ſont à craindre.
Il m'avertit de tout, il confond les jaloux.
Ne le ſoïez donc point : plus on veut nous contraindre
Moins on doit s'aſſurer de nous.

Anſelme accorda tout : qu'eût fait le pauvre Sire ?
On lui promit de ne pas dire
Qu'il avoit été page. Un tel cas étant tû,

Cocuage, s'il eût voulu,
Auroit eû ſes franches coudées.
Argie en rendit grace ; & compenſations
D'une & d'autre part accordées,
On quitta la campagne à ces conditions.

Que devint le Palais ? dira quelque critique ?
Le Palais ? que m'importe ? il devint ce qu'il put.
A moi ces queſtions ! ſuis-je homme qui ſe pique
D'être ſi regulier ? le Palais diſparut.
Et le Chien ? le Chien fit ce que l'Amant voulut.
Mais que voulut l'amant ? Cenſeur, tu m'importunes.
Il voulut par ce Chien tenter d'autres fortunes.
D'une ſeule conquête eſt-on jamais content ?
Favori ſe perdoit ſouvent :
Mais chez ſa premiere Maîtreſſe
Il revenoit toujours. Pour elle, ſa tendreſſe
Devint bonne amitié. Sur ce pied notre Amant
L'alloit voir fort aſſidûment :
Et même en l'accommodement
Argie à ſon Epoux fit un ſerment ſincere
De n'avoir plus aucune affaire.
L'Epoux jura de ſon côté
Qu'il n'auroit plus aucun ombrage ;
Et qu'il vouloit être fouetté
Si jamais on le voyoit Page.

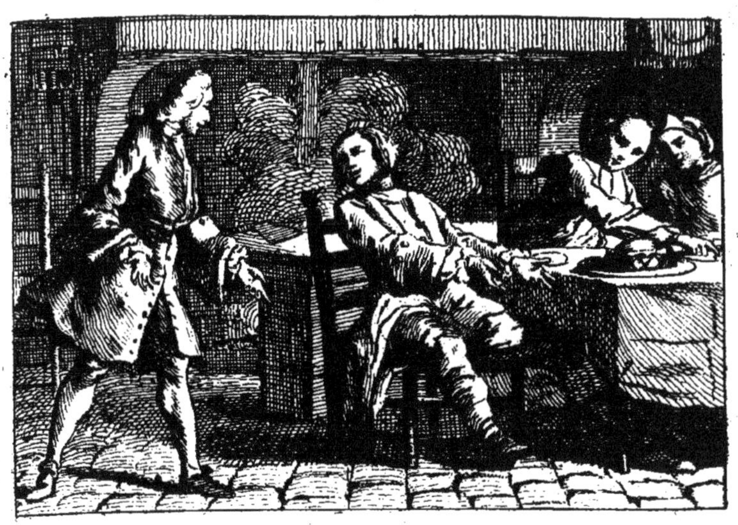

PATE' D'ANGUILLE.

MESME beauté, tant ſoit exquiſe,
Raſſaſie, & ſoûle à la fin.
Il me faut d'un & d'autre pain :
Diverſité c'eſt ma deviſe.
Cette maîtreſſe un tantet bize
Rit à mes yeux ; pourquoi cela ?
C'eſt qu'elle eſt neuve : & celle-là
Qui depuis long-tems m'eſt acquiſe,
Blanche qu'elle eſt, en nulle guiſe
Ne me cauſe d'émotion.
Son cœur dit oüi, le mien dit non ;
D'où vient ? en voici la raiſon :
Diverſité c'eſt ma deviſe.
Je l'ai ja dit d'autre façon,
Car il eſt bon que l'on déguiſe,
Suivant la loi de ce dicton,

Diverſité c'eſt ma deviſe.
Ce fut celle auſſi d'un mari
De qui la femme étoit fort belle ;
Il ſe trouva bien-tôt guéri
De l'amour qu'il avoit pour elle.
L'hymen, & la poſſeſſion
Eteignirent ſa paſſion.
Un ſien Valet avoit pour femme
Un petit bec aſſez mignon :
Le maître étant bon compagnon ;
Eut bien-tôt empaumé la Dame.
Cela ne plut pas au Valet,
Qui les ayant pris ſur le fait,
Vendiqua ſon bien de couchette ;
A ſa moitié chanta goguette,
L'appella tout net & tout franc... ;
Bien ſot de faire un bruit ſi grand
Pour une choſe ſi commune ;
Dieu nous gard de plus grand'fortune.
Il fit à ſon Maître un ſermon.
Monſieur, dit-il, chacun la ſienne,
Ce n'eſt pas trop ; Dieu & raiſon
Vous recommandent cette antienne.
Direz-vous, je ſuis ſans Chrétienne ?
Vous en avez à la maiſon
Une qui vaut cent fois la mienne.
Ne prenez donc plus tant de peine.
C'eſt pour ma femme trop d'honneur ;
Il ne lui faut ſi gros Monſieur.
Tenons-nous chacun à la nôtre ;

N'allez point à l'eau chez un autre,
Ayant plein puits de ces douceurs :
Je m'en raporte aux connoiſſeurs.
Si Dieu m'avoit fait tant de grace,
Qu'ainſi que vous je diſpoſaſſe
De Madame, je m'y tiendrois,
Et d'une Reine ne voudrois.
Mais puis qu'on ne ſçauroit défaire
Ce qui s'eſt fait, je voudrois bien,
(Ceci ſoit dit ſans vous déplaire,)
Que content de votre ordinaire
Vous ne goûtaſſiez plus du mien.
Le Patron ne voulut lui dire
Ni oüi ni non ſur ce diſcours,
Et commanda que tous les jours
On mît au repas, près du ſire,
Un pâté d'Anguille : ce mets
Lui chatoüilloit fort le palais ;
Avec un apetit extrême
Une & deux fois il en mangea ;
Mais quand ce vint à la troiſiéme,
La ſeule odeur le dégoûta.
Il voulut ſur une autre viande
Mettre la main ; on l'empêcha :
Monſieur, dit-on, nous le commande ;
Tenez-vous-en à ce mets-là :
Vous l'aimez, qu'avez-vous à dire ?
M'en voilà ſoû, reprit le Sire ;
Et quoi toujours pâtés au bec !
Pas une Anguille de rôtie !

Pâtés tous les jours de ma vie !
J'aimerois mieux du pain tout sec.
Laissez-moi prendre un peu du vôtre,
Pain de par Dieu, ou de par l'autre,
Au Diable ces pâtés maudits ;
Ils me suivront en Paradis,
Et par de-là, Dieu me pardonne.
Le Maître accourt soudain au bruit,
Et prenant sa part du déduit,
Mon Ami, dit-il, je m'étonne,
Que d'un mets si plein de bonté
Vous soyez si-tôt dégoûté.
Ne vous ai-je pas ouï dire
Que c'étoit là votre ragoût ?
Il faut qu'en peu de tems, beau Sire,
Vous ayez bien changé de goût.
Qu'ai-je fait qui fût plus étrange ?
Vous me blâmez, lorsque je change
Un mets que vous croyez friand,
Et vous en faites tout autant :
Mon doux Ami, je vous apprend
Que ce n'est pas une sottise,
En fait de certains apetits,
De changer son pain blanc en bis :
Diversité c'est ma devise
Quand le Maître eut ainsi parlé,
Le Valet fut tout consolé.
Non que ce dernier n'eût à dire
Quelque chose encor là-dessus ;
Car après tout doit-il suffire

D'alléguer son plaisir sans plus ?
J'aime le change : à la bonne heure ;
On vous l'accorde : mais gagnez,
S'il se peut, les interressés :
Cette voye est bien la meilleure :
Suivez-la donc. A dire vrai,
Je croi que l'Amateur du change
De ce conseil tenta l'essai.
On dit qu'il parloit comme un Ange ;
De mots dorés usant toujours,
Mots dorés font tout en Amours,
C'est une maxime constante.
Chacun sçait quelle est mon entente :
J'ai rebatu cent & cent fois
Ceci dans cent & cent endroits,
Mais la chose est si nécessaire,
Que je ne puis jamais m'en taire,
Et rédirai jusques au bout :
Mots dorés en Amour font tout.
Ils persuadent la Donzelle,
Son petit chien, sa Demoiselle,
Son Epoux quelquefois aussi.
C'est le seul qu'il falloit ici
Persuader ; il n'avoit l'ame
Sourde à cette éloquence, & Dame
Les Orateurs du tems jadis
N'en ont de telle en leurs écrits.
Notre jaloux devint commode :
Même on dit qu'il suivit la mode
De son Maître, & toujours depuis

Changea d'objets en ſes déduits.
Il n'étoit bruit que d'avantures
Du Chrétien & des Créatures.
Les plus nouvelles ſans manquer
Etoient pour lui les plus gentilles,
Par où le drôle en put croquer,
Il en croqua, femmes & filles,
Nymphes, Griſettes, ce qu'il put
Toutes étoient de bonne priſe.
Et ſur ce point, tant qu'il vécut,
Diverſité fut ſa deviſe.

LE

LE MAGNIFIQUE.

UN peu d'eſprit, beaucoup de bonne mine ;
Et plus encor de liberalité,
C'eſt en amour une triple machine
Par qui maint fort eſt bien-tôt emporté ;
Rocher fut-il ; rochers auſſi ſe prennent,
Qu'on ſoit bien fait, qu'on ait quelque talent ;
Que les cordons de la bourſe ne tiennent,
Je vous le dis, la place eſt au galant.
On la prend bien quelquefois ſans ces choſes ;
Bon fait avoir néanmoins quelques choſes
D'entendement, & n'être pas un ſot :
Quant à l'avare, on le hait : le magot
A grand beſoin de bonne réthorique ;
La meilleure eſt celle du libéral.
Un Florentin, nommé le Magnifique,
La poſſédoit en propre original.

Le Magnifique étoit un nom de guerre
Qu'on lui donna ; bien l'avoit mérité :
Son train de vivre, & son honnêteté,
Ses dons sur-tout, l'avoient par toute terre
Déclaré tel : propre, bien fait, bien mis,
L'esprit galant, & l'air des plus polis,
Il se piqua pour certaine femelle
De haut état. La conquête étoit belle :
Elle excitoit doublement le désir :
Rien n'y manquoit, la gloire & le plaisir.
Aldobrandin étoit de cette Dame
Mari jaloux, non comme d'une femme,
Mais comme qui depuis peu jouiroit
D'une Philis. Cet homme la veilloit
De tous ses yeux ; s'il en eût eu dix mille,
Il les eût tous à ce soin occupés ;
Amour le rend, quand il veut, inutile ;
Ces argus-là sont fort souvent trompés.
Aldobrandin ne croyoit pas possible
Qu'il le fût onc : il défioit les gens.
Au demeurant il étoit fort sensible
A l'interêt, aimoit fort les présens.
Son concurrent n'avoit encor sçu dire
Le moindre mot à l'objet de ses vœux :
On ignoroit, ce lui sembloit, ses feux,
Et le surplus de l'amoureux martyre,
(Car c'est toujours une même chanson)
Si l'on l'eût sçû, qu'eût-on fait ? Que fait-on ?
Ja n'est besoin qu'au lecteur je le die.
Pour revenir à notre pauvre Amant,

Il n'avoit sçû dire un mot ſeulement
Au medecin touchant ſa maladie.
Or le voilà qui tourmente ſa vie,
Qui va, qui vient, qui court, qui perd ſes pas :
Point de fenêtre, & point de jalouſie
Ne lui permet d'entrevoir les appas,
Ni d'entroüir la voix de ſa Maîtreſſe.
Il ne fut onc ſemblable fortereſſe.
Si faudra-t-il qu'elle y vienne pourtant.
Voici comment s'y prit notre aſſiégeant.
Je penſe avoir déja dit, ce me ſemble,
Qu'Aldobrandin homme à preſens étoit.
Non qu'il en fit, mais il en recevoit.
Le Magnifique avoit un cheval d'amble,
Beau, bien taillé, dont il faiſoit grand cas,
Il l'appelloit, à cauſe de ſon pas,
La haquenée. Aldobrandin le louë ;
Ce fut aſſez : notre Amant propoſa
De le troquer : l'Epoux s'en excuſa.
Non pas, dit-il, que je ne vous avouë
Qu'il me plaît fort ; mais à de tels marchés
Je perds toujours. Alors le Magnifique,
Qui voit le but de cette politique,
Reprit : eh bien, faiſons mieux, ne troquez ;
Mais pour le prix du cheval permettez
Que, vous preſent, j'entretienne Madame.
C'eſt un déſir curieux qui m'a pris.
Encor faut-il que vos meilleurs amis
Sçachent un peu ce qu'elle a dedans l'ame.
Je vous demande un quart d'heure ſans plus.

Aldobrandin l'arrêtant là-deſſus :
J'en ſuis d'avis, je livrerai ma femme ?
Ma foi, mon cher, gardez votre Cheval.
Quoi, vous preſent ? Moi preſent ! Et quel mal
Encor un coup peut-il, en la preſence
D'un mari fin comme vous, arriver ?
Aldobrandin commence d'y rêver :
Et raiſonnant en ſoi : quelle apparence,
Qu'il en mévienne en effet moi preſent ?
C'eſt marché sûr, il eſt fol à ſon dam :
Que prétend-il ? pour plus grande aſſurance,
Sans qu'il le ſçache, il faut faire défenſe
A ma moitié de répondre au galant.
Sus, dit l'Epoux, j'y conſens. La diſtance
De vous à nous, pourſuivit notre Amant,
Sera réglée, afin qu'aucunement
Vous n'entendiez. Il y conſent encore ;
Puis va querir ſa femme en ce moment.
Quand l'autre voit celle-là qu'il adore,
Il ſe croit être en un enchantement.
Les ſaluts faits, en un coin de la ſale
Ils ſe vont ſeoir. Notre galant n'étale
Un long narré ; mais vient d'abord au fait
Je n'ai le lieu ni le tems à ſouhait,
Commença-t-il ; puis je tiens inutile
De tant tourner, il n'eſt que d'aller droit.
Partant, Madame, en un mot comme en mille,
Votre beauté juſqu'au vif m'a touché.
Penſeriez-vous que ce fut un peché
Que d'y répondre ? Ah ! je vous crois, Madame,

De trop bon ſens. Si j'avois le loiſir,
Je ferois voir par les formes ma flâme,
Et vous dirois de cet ardent deſir
Tout le menu; mais que je brûle, meure,
Et m'en tourmente, & me diſe aux abois,
Tout ce chemin que l'on fait en ſix mois,
Il me convient le faire en un quart d'heure:
Et plus encor; car ce n'eſt pas le tout.
Froid eſt l'Amant qui ne va juſqu'au bout,
Et par ſottiſe en ſi beau train demeure.
Vous vous taiſez; pas un mot! qu'eſt-ce là?
Renvoïrez-vous de la ſorte un pauvre homme!
Le Ciel vous fit, il eſt vrai, ce qu'on nomme
Divinité; mais faut-il pour cela
Ne point répondre alors que l'on vous prie?
Je vois, je vois, c'eſt une tricherie
De votre Epoux: il m'a joüé ce trait;
Et ne prétend qu'aucune repartie
Soit du marché: mais j'y ſçais un ſecret.
Rien n'y fera pour le sûr ſa défenſe.
Je ſçaurai bien me répondre pour vous:
Puis ce coin d'œil, par ſon langage doux,
Rompt à mon ſens quelque peu le ſilence.
J'y lis ceci: Ne croyez pas, Monſieur,
Que la Nature ait compoſé mon cœur
De marbre dur. Vos fréquentes paſſades,
Jouxtes, tournois, deviſes, ſérénades,
M'ont avant vous déclaré votre amour.
Bien loin qu'il m'ait en nul point offenſée,
Je vous dirai que dès le premier jour

J'y répondis ; & me ſentis bleſſée
Du même trait ; mais que nous ſert ceci ?
Ce qu'il nous ſert ; je m'en vais vous le dire :
Etant d'accord, il faut cette nuit-ci
Goûter le fruit de ce commun martyre ;
De votre Epoux nous venger & nous rire ;
Bref le payer du ſoin qu'il prend ici.
De ces fruits-là le dernier n'eſt le pire.
Votre jardin viendra comme de cire :
Deſcendez-y ; ne doutez du ſuccès :
Votre mari ne ſe tiendra jamais,
Qu'à ſa maiſon des champs, je vous l'aſſure,
Tantôt il n'aille éprouver ſa monture.
Vos doüagnas en leur premier ſommeil,
Vous deſcendrez, ſans nul autre appareil
Que de jetter une robe fourrée
Sur votre dos, & viendrez au jardin.
De mon côté l'échelle eſt préparée.
Je monterai par la cour du voiſin ;
Je l'ai gagné : la ruë eſt trop publique.
Ne craignez rien. Ah ! mon cher Magnifique,
Que je vous aime ! & que je vous ſçais gré
De ce deſſein ! venez, je deſcendrai.
C'eſt vous qui parle ; & plût au Ciel, Madame,
Qu'on vous osât embraſſer les genoux !
Mon Magnifique, à tantôt ; votre flâme
Ne craindra point les regards d'un jaloux.
L'Amant la quitte, & feint d'être en couroux,
Puis tout grondant : Vous me la donnez bonne,
Aldobrandin ; je n'entendois cela.

Autant vaudroit n'être avecque perſonne
Que d'être avec Madame que voilà.
Si vous trouvez chevaux à ce prix-là,
Vous les devez prendre ſur ma parole.
Le mien hennit du moins ; mais cette idole
Eſt proprement un fort joli poiſſon.
Or ſus, j'en tiens ; ce m'eſt une leçon.
Quiconque veut le reſte du quart d'heure
N'a qu'à parler ; j'en ferai juſte prix.
Aldobrandin rit ſi fort, qu'il en pleure.
Ces jeunes gens, dit-il, en leurs eſprits
Mettent toujours quelque haute entrepriſe.
Notre féal, vous lâchez trop tôt priſe :
Avec le tems on en viendroit à bout.
J'y tiendrai l'œil ; car ce n'eſt pas là tout ;
Nous y ſçavons encor quelque rubrique :
Et cependant, Monſieur le Magnifique,
La haquenée eſt nettement à nous :
Plus ne fera de dépenſe chez vous.
Dès aujourd'hui, qu'il ne vous en déplaiſe ;
Vous me verrez deſſus fort à mon aiſe
Dans le chemin de ma maiſon des champs.
Il n'y manqua ſur le ſoir ; & nos gens
Au rendez-vous tout auſſi peu manquerent.
Dire comment les choſes s'y paſſerent,
C'eſt un détail trop long : Lecteur prudent,
Je m'en remets à ton bon jugement,
La Dame étoit jeune, fringante & belle ;
L'Amant bien fait, & tous deux fort épris,
Trois rendez-vous coup ſur coup furent pris :

Moins n'en valoit si gentille femelle.
Aucun péril, nul mauvais accident,
Bons dormitifs en or comme en argent;
Aux douagnas, & bonne sentinelle.
Un pavillon vers le bout du jardin,
Vint à propos, Messire Aldobrandin;
Ne l'avoit fait bâtir pour cet usage.
Conclusion, qu'il prit en cocuage
Tous ses degrés; un seul ne lui manqua;
Tant sçut joüer son jeu la haquenée;
Content ne fut d'une seule journée.
Pour l'éprouver, aux champs il demeura
Trois jours entiers, sans doute ni scrupule.
J'en connois bien qui ne sont si chanceux;
Car ils ont femme, & n'ont Cheval ni Mule;
Sçachant de plus tout ce qu'on fait chez eux.

LA MATRONE D'EPHESE.

S'IL est un Conte usé, commun & rebatu,
C'est celui qu'en ces Vers j'accommode à ma guise,
Et pourquoi donc le choisis-tu ?
Qui t'engage à cette entreprise ?
N'a-t-elle point déja produit assez d'écrits ?
Quelle grace aura ta Matrone
Au prix de celle de Pétrone ?
Comment la rendras-tu nouvelle à nos esprits ?
Sans répondre aux censeurs, car c'est chose infinie ;
Voyons si dans mes Vers je l'aurai rajeunie.

Dans Ephese il fut autrefois
Une Dame en sagesse & vertu sans égale ;
Et selon la commune voix,

Ayant ſçû raffiner ſur l'amour conjugale.
Il n'étoit bruit que d'elle & de ſa chaſteté :
On l'alloit voir par rareté :
C'étoit l'honneur du ſexe. Heureuſe ſa patrie!
Chaque mere à ſa brû l'alléguoit pour patron.
Chaque époux la prônoit à ſa femme chérie.
D'elle deſcendent ceux de la Prudoterie,
Antique & célébre maiſon.
Son mari l'aimoit d'amour folle.
Il mourut. De dire comment,
Ce ſeroit un détail frivole ;
Il mourut, & ſon teſtament
N'étoit plein que de legs qui l'auroient conſolée ;
Si les biens réparoient la perte d'un mari
Amoureux autant que chéri.
Mainte veuve pourtant fait la déchevelée,
Qui n'abandonne pas le ſoin du demeurant,
Et du bien qu'elle aura fait le compte en pleurant.
Celle-ci par ſes cris mettoit tout en allarme,
Celle-ci faiſoit un vacarme,
Un bruit & des regrets à percer tous les cœurs,
Bien qu'on ſache qu'en ces malheurs,
De quelque deſeſpoir qu'une ame ſoit atteinte,
La douleur eſt toujours moins forte que la plainte :
Toujours un peu de faſte entre parmi les pleurs.
Chacun fit ſon devoir de dire à l'affligée
Que tout a ſa meſure, & que de tels regrets
Pourroient pécher par leur excès :
Chacun rendit par-là ſa douleur rengrégée.
Enfin ne voulant plus joüir de la clarté

Que ſon Epoux avoit perduë,
Elle entre dans ſa tombe, en ferme volonté
D'accompagner cette ombre aux enfers deſcenduë.
Et voyez ce que peut l'exceſſive amitié ;
(Ce mouvement auſſi va juſqu'à la folie)
Une Eſclave en ce lieu la ſuivit par pitié,
Prête à mourir de compagnie ;
Prête, je m'entens bien ; c'eſt-à-dire, en un mot,
N'ayant examiné qu'à demi ce complot,
Et juſques à l'effet courageuſe & hardie.
L'Eſclave avec la Dame avoit été nourrie.
Toutes deux s'entr'aimoient, & cette paſſion
Etoit cruë avec l'âge au cœur des deux femelles.
Le monde entier à peine eût fourni deux modéles
D'une telle inclination.
Comme l'Eſclave avoit plus de ſens que la Dame,
Elle laiſſa paſſer les premiers mouvemens ;
Puis tâcha, mais en vain, de remettre cette ame
Dans l'ordinaire train des communs ſentimens.
Aux conſolations la Veuve inacceſſible
S'appliquoit ſeulement à tout moyen poſſible
De ſuivre le Défunt aux noirs & triſtes lieux.
Le fer auroit été le plus court & le mieux,
Mais la Dame vouloit paître encore ſes yeux
Du tréſor qu'enfermoit la biere,
Froide dépoüille & pourtant chere :
C'étoit-là le ſeul aliment
Qu'elle prit en ce monument.
La faim donc fut celle des portes,
Qu'entre d'autres de tant de ſortes

Notre Veuve choisit pour sortir d'ici bas.
Un jour se passe & deux, sans d'autre nourriture
Que ses profonds soûpirs, que ses fréquens hélas;
 Qu'un inutile & long murmure
Contre les Dieux, le sort, & toute la nature.
 Enfin sa douleur n'omit rien,
 Si la douleur doit s'exprimer si bien.

Encore un autre mort faisoit sa résidence
Non loin de ce tombeau, mais bien differemment;
 Car il n'avoit pour monument
 Que le dessous d'une potence.
Pour exemple aux voleurs on l'avoit là laissé;
 Un Soldat bien récompensé
 Le gardoit avec vigilance.
 Il étoit dit par Ordonnance
Que si d'autres voleurs, un parent, un ami
L'enlevoient, le Soldat nonchalant, endormi
 Rempliroit aussi-tôt sa place.
 C'étoit trop de sévérité :
 Mais la publique utilité
Défendoit que l'on fit au Garde aucune grace.
Pendant la nuit il vit aux fentes du tombeau
Briller quelque clarté, spectacle assez nouveau.
Curieux il y court, entend de loin la Dame
 Remplissant l'air de ses clameurs.
Il entre, est étonné, demande à cette femme,
 Pourquoi ces cris, pourquoi ces pleurs?
 Pourquoi cette triste musique?
Pourquoi cette maison noire & mélancolique?

Occupée à ses pleurs à peine elle entendit
Toutes ces demandes frivoles :
Le Mort pour elle y répondit ;
Cet objet, sans autres paroles,
Disoit assez par quel malheur
La Dame s'enterroit ainsi toute vivante.
Nous avons fait serment, ajoûta la Suivante,
De nous laisser mourir de faim & de douleur.
Encor que le Soldat fût mauvais orateur,
Il leur fit concevoir ce que c'est que la vie.
La Dame cette fois eut de l'attention,
Et déja l'autre passion
Se trouvoit un peu ralentie :
Le tems avoit agi. Si la foi du serment,
Poursuivit le Soldat, vous défend l'aliment,
Voyez-moi manger seulement :
Vous n'en mourrez pas moins. Un tel temperament
Ne déplut pas aux deux femelles.
Conclusion, qu'il obtint d'elles
Une permission d'apporter son soupé ;
Ce qu'il fit, & l'Esclave eut le cœur fort tenté
De renoncer dès-lors à la cruelle envie
De tenir au Mort compagnie.
Madame, ce dit-elle, un penser m'est venu :
Qu'importe à votre époux que vous cessiez de vivre ?
Croiez-vous que lui-même il fût homme à vous suivre,
Si par votre trépas vous l'aviez prévenu ?
Non, Madame, il voudroit achever sa carriére.
La nôtre sera longue encor, si nous voulons.

Se faut-il à vingt ans enfermer dans la biére ?
Nous aurons tout loisir d'habiter ces maisons.
On ne meurt que trop tôt : qui nous presse? attendons,
Quant à moi, je voudrois ne mourir que ridée.
Voulez-vous emporter vos appas chez les morts?
Que vous servira-t-il d'en être regardée?
Tantôt en voyant les trésors
Dont le Ciel prit plaisir d'orner votre visage,
Je disois, helas! c'est dommage;
Nous-mêmes nous allons enterrer tout cela.
A ce discours flâteur la Dame s'éveilla.
Le Dieu qui fait aimer prit son tems; il tira
Deux traits de son carquois : de l'un il entama
Le Soldat jusqu'au vif; l'autre efleura la Dame.
Jeune & belle, elle avoit sous ses pleurs de l'éclat,
Et des gens de goût délicat
Auroient bien pû l'aimer, & même étant leur femme.
Le Garde en fut épris : les pleurs & la pitié,
Sorte d'amours ayant ses charmes,
Tout y fit : Une belle, alors qu'elle est en larmes,
En est plus belle de moitié.
Voilà donc notre Veuve écoutant la loüange,
Poison qui de l'amour est le premier degré;
La voilà qui trouve à son gré
Celui qui le lui donne : il fait tant qu'elle mange.
Il fait tant que de plaire, & se rend en effet
Plus digne d'être aimé que le Mort le mieux fait.
Il fait tant enfin qu'elle change;
Et toujours par degrés, comme l'on peut penser,

De l'un à l'autre il fait cette femme passer.
Je ne le trouve pas étrange :
Elle écoute un amant, elle en fait un mari ;
Le tout au nez du Mort qu'elle avoit tant cheri.

Pendant cet hymenée un Voleur se hazarde
D'enlever le dépot commis aux soins du Garde.
Il en entend le bruit ; il y court à grands pas ;
Mais en vain, la chose étoit faite.
Il revient au tombeau conter son embarras,
Ne sçachant où trouver retraite.
L'Esclave alors lui dit, le voyant éperdu :
L'on vous a pris votre Pendu ?
Les Loix ne vous feront, dites-vous, nulle grace ?
Mettons notre Mort en la place,
Les passans n'y connoîtront rien.
La Dame y consentit. O volages fémelles !
La femme est toujours femme. Il en est qui sont belles,
Il en est qui ne le sont pas.
S'il en étoit d'assez fidéles,
Elles auroient assez d'apas.
Prudes, vous vous devez défier de vos forces :
Ne vous vantez de rien. Si votre intention
Est de résister aux amorces,
La notre est bonne aussi : mais l'execution
Nous trompe également, témoin cette Matrone.
Et n'en déplaise au bon Pétrone,
Ce n'étoit pas un fait tellement merveilleux,
Qu'il en dût proposer l'exemple à nos neveux.
Cette Veuve n'eut tort qu'au bruit qu'on lui vit faire,

Qu'au dessein de mourir mal conçu, mal formé.
Car de mettre au patibulaire,
Le corps d'un Mari tant aimé,
Ce n'étoit pas peut-être une si grande affaire.
Cela lui sauvoit l'autre : & tout consideré,
Mieux vaut Goujat debout, qu'Empereur enterré.

BELPHEGOR

BELPHEGOR.

Nouvelle tirée de Machiavel.

A MADEMOISELLE
DE CHAMMELAY.

DE votre nom j'orne le frontiſpice
Des derniers Vers que ma Muſe a polis.
Puiſſe le tout, ô charmante Philis,
Aller ſi loin que notre los franchiſſe
La nuit des tems : nous la ſçaurons dompter;
Moi par écrire, & vous par reciter.
Nos noms unis perceront l'ombre noire;
Vous régnerez long-tems dans la mémoire,
Après avoir régné juſques ici

Dans les esprits, dans les cœurs même aussi.
Qui ne connoît l'inimitable Actrice
Representant ou Phedre, ou Berenice,
Chimene en pleurs, ou Camille en fureur?
Est-il quelqu'un que votre voix n'enchante?
S'en trouve-t-il une autre aussi touchante?
Une autre enfin allant si droit au cœur?
N'attendez pas que je fasse l'éloge
De ce qu'en vous on trouve de parfait;
Comme il n'est point de grace qui n'y loge,
Ce seroit trop, je n'aurois jamais fait.
De mes Philis vous seriez la premiere,
Vous auriez eu mon ame toute entiere,
Si de mes vœux j'eusse plus présumé;
Mais en aimant qui ne veut être aimé?
Par des transports n'espérant pas vous plaire,
Je me suis dit seulement votre ami,
De ceux qui sont Amans plus d'à demi:
Et plût au sort que j'eusse pû mieux faire?
Ceci soit dit: venons à notre affaire.

Un jour Satan, Monarque des Enfers,
Faisoit passer ses sujets en revûë.
Là confondus tous les états divers,
Princes & Rois, & la tourbe menuë,
Jettoient maints pleurs, poussoient maint & maint cri,
Tant que Satan en étoit étourdi.
Il demandoit en passant à chaque ame:
Qui t'a jettée en l'éternelle flâme?
L'une disoit, helas! c'est mon mari;

L'autre auſſi-tôt répondoit, c'eſt ma femme.
Tant & tant fut ce diſcours répété,
Qu'enfin Satan dit en plein conſiſtoire :
Si ces gens-ci diſent la verité,
Il eſt aiſé d'augmenter notre gloire.
Nous n'avons donc qu'à le vérifier.
Pour cet effet il nous faut envoyer
Quelque Démon plein d'art & de prudence,
Qui non content d'obſerver avec ſoin
Tous les Hymens dont il ſera témoin,
Y joigne auſſi ſa propre expérience.
Le Prince ayant propoſé ſa Sentence,
Le noir Sénat ſuivit tout d'une voix.
De Belphegor auſſi-tôt on fit choix.
Ce Diable étoit tout yeux & tout oreilles,
Grand éplucheur, clair-voyant à merveilles,
Capable enfin de pénétrer dans tout,
Et de pouſſer l'examen juſqu'au bout.
Pour ſubvenir aux frais de l'entrepriſe,
On lui donna mainte & mainte remiſe,
Toutes à vûë, & qu'en lieux differens
Il pût toucher par des correſpondans.
Quant au ſurplus, les fortunes humaines,
Les biens, les maux, les plaiſirs, & les peines;
Bref ce qui ſuit notre condition,
Fut une annexe à ſa légation.
Il ſe pouvoit tirer d'affliction,
Par ſes bons tours, & par ſon induſtrie,
Mais non mourir, ni revoir ſa patrie,
Qu'il n'eût ici conſumé certain tems :

Sa miſſion devoit durer dix ans.
Le voilà donc qui traverſe & qui paſſe
Ce que le Ciel voulut mettre d'eſpace
Entre ce monde & l'éternelle nuit ;
Il n'en mit guére, un moment y conduit.
Notre Démon s'établit à Florence,
Ville pour lors de luxe & de dépenſe ;
Même il la crut propre pour le trafic.
Là ſous le nom du Seigneur Roderic,
Il ſe logea, meubla, comme un riche homme :
Groſſe maiſon, grand train, nombre de gens ;
Anticipant tous les jours ſur la ſomme,
Qu'il ne devoit conſumer qu'en dix ans.
On s'étonnoit d'une telle bombance.
Il tenoit table ; avoit de tous côtés
Gens à ſes frais, ſoit pour les voluptés,
Soit pour le faſte & la magnificence.
L'un des plaiſirs où plus il dépenſa
Fut la loüange. Apollon l'encenſa ;
Car il eſt maître en l'art de flaterie.
Diable n'eut onc tant d'honneurs en ſa vie.
Son cœur devint le but de tous les traits
Qu'amour lançoit : il n'étoit point de belle
Qui n'employât ce qu'elle avoit d'attraits
Pour le gagner, tant ſauvage fût elle :
Car de trouver une ſeule rebelle,
Ce n'eſt la mode à gens de qui la main
Par les preſens s'applanit tout chemin.
C'eſt un reſſort en tous deſſeins utile.
Je l'ai ja dit, & le redis encor ;

Je ne connois d'autre premier mobile
Dans l'Univers, que l'argent & que l'or.
Notre envoyé cependant tenoit compte
De chaque Hymen, en journaux différens;
L'un des époux satisfaits & contens,
Si peu rempli que le Diable en eut honte.
L'autre journal incontinent fut plein.
A Belphegor il ne restoit enfin
Que d'éprouver la chose par lui-même.
Certaine fille à Florence étoit lors;
Belle, & bien faite, & peu d'autres trésors;
Noble d'ailleurs, mais d'un orgueïl extrême,
Et d'autant plus, que de quelque vertu
Un tel orgueïl paroissoit revêtu.
Pour Roderic on en fit la demande.
Le pere dit que Madame Honesta,
C'étoit son nom, avoit eu jusques-là
Force partis; mais que parmi la bande
Il pourroit bien Roderic préferer,
Et demandoit tems pour délibérer.
On en convient. Le poursuivant s'applique
A gagner celle où ses vœux s'adressoient,
Fêtes & Bals, Sérenades, Musique,
Cadeaux, Festins, bien fort apetissoient,
Alteroient fort le fond de l'ambassade.
Il n'y plaint rien, en use en grand Seigneur,
S'épuise en dons. L'autre se persuade
Qu'elle lui fait encor beaucoup d'honneur.
Conclusion qu'après forces prieres,
Et des façons de toutes les manieres,

Il eut un oüi de Madame Honesta.
Auparavant le Notaire y passa :
Dont Belphegor se mocquant en son ame,
Hé quoi, dit-il, on acquiert une femme
Comme un Château ! Ces gens ont tout gâté.
Il eut raison : ôtez d'entre les hommes
La simple foi, le meilleur est ôté.
Nous nous jettons, pauvres gens que nous sommes,
Dans les procès en prenant le revers.
Les si, les car, les Contrats sont la porte
Par où la noise entra dans l'Univers :
N'esperons pas que jamais elle en sorte.
Solemnités & loix n'empêchent pas
Qu'avec l'Hymen Amour n'ait des débats :
C'est le cœur seul qui peut rendre tranquille ;
Le cœur fait tout, le reste est inutile.
Qu'ainsi ne soit, voyons d'autres états.
Chez les amis tout s'excuse, tout passe ;
Chez les Amans tout plaît, tout est parfait ;
Chez les Epoux tout ennuye, & tout lasse.
Le devoir nuit, chacun est ainsi fait.
Mais, dira-t-on, n'est-il en nulles guises
D'heureux ménage ? après mûr examen,
J'appelle un bon, voire un parfait Hymen,
Quand les conjoints se souffrent leurs sottises.
Sur ce point-là c'est assez raisonné.
Dès que chez lui le Diable eut amené
Son épousée, il jugea par lui-même
Ce qu'est l'Hymen avec un tel démon :
Toujours débats ; toujours quelque sermon

Plein de sottise en un degré suprême.
Le bruit fut tel, que Madame Honesta
Plus d'une fois les voisins éveilla;
Plus d'une fois on courut à la noise.
Il lui falloit quelque simple bourgeoise,
Ce disoit-elle : un petit trafiquant
Traiter ainsi les filles de mon rang!
Méritoit-il femme si vertueuse?
Sur mon devoir je suis trop scrupuleuse,
J'en ai regret, & si je faisois bien ....
Il n'est pas sûr qu'Honesta ne fit rien:
Ces prudes-là nous en font bien accroire.
Nos deux Epoux, à ce que dit l'Histoire,
Sans disputer n'étoient pas un moment.
Souvent leur guerre avoit pour fondement
Le jeu, la juppe, ou quelque ameublement
D'Eté, d'Hyver, d'entre-tems, bref un monde
D'inventions propres à tout gâter.
Le pauvre Diable eut lieu de regretter
De l'autre enfer la demeure profonde.
Pour comble enfin Roderic épousa
La parenté de Madame Honesta,
Ayant sans cesse & le pere & la mere,
Et la grand'sœur, avec le petit frere;
De ses deniers mariant la grand'sœur,
Et du Petit payant le précepteur.
Je n'ai pas dit la principale cause
De sa ruine, infaillible accident;
Et j'oubliois qu'il eût un Intendant.
Un Intendant! qu'est-ce que cette chose?

Je définis cet être un animal
Qui, comme on dit, ſçait pêcher en eau trouble,
Et plus le bien de ſon maître va mal,
Plus le ſien croît, plus ſon profit redouble;
Tant qu'aiſément lui-même acheteroit
Ce qui de net au Seigneur reſteroit:
Donc par raiſon bien & dûment déduite,
On pourroit voir chaque choſe réduite
En ſon état, s'il arrivoit qu'un jour
L'autre devînt l'Intendant à ſon tour;
Car regagnant ce qu'il eut étant maître,
Ils reprendroient tous deux leur premier être.
Le ſeul recours du pauvre Roderic,
Son ſeul eſpoir, étoit certain trafic,
Qu'il prétendoit devoir remplir ſa bourſe,
Eſpoir douteux, incertaine reſſource.
Il étoit dit que tout ſeroit fatal
A notre époux; ainſi tout alla mal.
Ses agens, tels que la plûpart des nôtres,
En abuſoient: il perdit un vaiſſeau,
Et vit aller le commerce à vau-l'eau,
Trompé des uns, mal ſervi par les autres.
Il emprunta. Quand ce vint à payer,
Et qu'à ſa porte il vit le créancier,
Force lui fut d'eſquiver par la fuite,
Gagnant les champs, où de l'âpre pourſuite
Il ſe ſauva chez un certain fermier,
En certain coin remparé de fumier.
A Matheo (c'étoit le nom du Sire,)
Sans tant tourner, il dit ce qu'il étoit;

Qu'un

Qu'un double mal chez lui le tourmentoit,
Ses créanciers, & sa femme encor pire;
Qu'il n'y sçavoit remede que d'entrer
Au corps des gens, & de s'y remparer,
D'y tenir bon : iroit-on là le prendre ?
Dame Honesta viendroit-elle y prôner
Qu'elle a regret de se bien gouverner ?
Chose ennuyeuse, & qu'il est las d'entendre.
Que de ces corps trois fois il sortiroit,
Si-tôt que lui Matheo l'en prieroit;
Trois fois sans plus, & ce pour récompense
De l'avoir mis à couvert des Sergens.
Tout aussi-tôt l'Ambassadeur commence
Avec grand bruit d'entrer au corps des gens,
Ce que le sien, ouvrage fantastique,
Devint alors, l'histoire n'en dit rien.
Son coup d'essai fut une fille unique,
Où le galant se trouvoit assez bien;
Mais Matheo, moyennant grosse somme,
L'en fit sortir au premier mot qu'il dit.
C'étoit à Naple : il se transporte à Rome;
Saisit un corps : Matheo l'en bannit,
Le chasse encore : autre somme nouvelle;
Trois fois enfin, toujours d'un corps femelle,
Remarquez bien, notre Diable sortit.
Le Roi de Naple avoit lors une fille,
Honneur du sexe, espoir de sa famille :
Maint jeune Prince étoit son poursuivant;
Là, d'Honesta Belphegor se sauvant,
On ne le put tirer de cet azile.

Il n'étoit bruit, aux champs comme à la Ville,
Que d'un Manant qui chaſſoit les eſprits.
Cent mille écus d'abord lui ſont promis.
Bien affligé de manquer cette ſomme,
(Car les trois fois l'empêchoient d'eſperer
Que Belphegor ſe laiſſât conjurer)
Il la refuſe, il ſe dit un pauvre homme,
Pauvre pécheur, qui ſans ſçavoir comment,
Sans dons du Ciel, par hazard ſeulement,
De quelques corps a chaſſé quelque Diable,
Aparement chétif, & miſerable,
Et ne connoit celui-ci nullement.
Il a beau dire; on le force, on l'amene;
On le menace, on lui dit que ſous peine
D'être pendu, d'être mis haut & court
En un gibet, il faut que ſa puiſſance
Se manifeſte avant la fin du jour.
Dès l'heure même on vous met en preſence
Notre Démon & ſon Conjurateur.
D'un tel combat le Prince eſt ſpectateur.
Chacun y court; n'eſt fils de bonne mere,
Qui pour le voir ne quitte toute affaire.
D'un côté ſont le gibet & la hart,
Cent mille écus bien comptés d'autre part.
Matheo tremble, & lorgne la finance.
L'eſprit malin voyant ſa contenance
Rioit ſous cape, alléguoit les trois fois;
Dont Matheo ſuoit dans ſon harnois.
Preſſoit, prioit, conjuroit avec larmes;
Le tout en vain. Plus il eſt en alarmes,

Plus l'autre rit. Enfin le Manant dit
Que ſur ce Diable il n'avoit nul crédit.
On vous le hape, & mene à la potence.
Comme il alloit haranguer l'aſſiſtance,
Néceſſité lui ſuggera ce tour :
Il dit tout bas qu'on battît le tambour,
Ce qui fut fait : dequoi l'eſprit immonde
Un peu ſurpris au Manant demanda,
Pourquoi ce bruit ? coquin, qu'entens-je là ?
L'autre répond : C'eſt Madame Honeſta
Qui vous reclame, & va par tout le monde,
Cherchant l'Epoux que le Ciel lui donna.
Incontinent le Diable décampa,
S'enfuit au fond des enfers, & conta
Tout le ſuccès qu'avoit eu ſon voyage :
Sire, dit-il, le nœud du mariage
Damne auſſi dru qu'aucuns autres états :
Votre grandeur voit tomber ici bas,
Non par flocons, mais menu comme pluye,
Ceux que l'Hymen fait de ſa confrérie,
J'ai par moi-même examiné le cas.
Non que de ſoi la choſe ne ſoit bonne ;
Elle eut jadis un plus heureux deſtin ;
Mais comme tout ſe corrompt à la fin,
Plus beau fleuron n'eſt en votre Couronne.
Satan le crut, il fut récompenſé,
Encor qu'il eût ſon retour avancé ;
Car qu'eût-il fait ? ce n'étoient pas merveilles,
Qu'ayant ſans ceſſe un Diable à ſes oreilles,
Toujours le même, & toujours ſur un ton,

Il fût contraint d'enfiler la venelle :
Dans les enfers encore en change-t-on.
L'autre peine est à mon sens plus cruelle ;
Je voudrois voir quelque Saint y durer ;
Elle eût à Job fait tourner la cervelle.
De tout ceci que prétens-je inferer :
Premierement je ne sçai pire chose,
Que de changer son logis en prison.
En second lieu, si par quelque raison,
Votre ascendant à l'Hymen vous expose,
N'épousez point d'Honesta, s'il se peut.
N'a pas pourtant une Honesta qui veut.

LA CLOCHETTE.

Conte.

O Combien l'homme eſt inconſtant, divers;
Foible, leger, tenant mal ſa parole!
J'avois juré, même en aſſez beaux Vers,
De renoncer à tout conte frivole;
Et quand juré ? c'eſt ce qui me confond,
Depuis deux jours j'ai fait cette promeſſe;
Puis fiez-vous à Rimeur, qui répond
D'un ſeul moment. Dieu ne fit la ſageſſe
Pour les cerveaux qui hantent les neuf ſœurs:
Trop bien ont-ils quelque art qui vous peut plaire,
Quelque jargon plein d'aſſez de douceurs;
Mais d'être sûrs, ce n'eſt là leur affaire.
Si me faut-il trouver, n'en fût-il point,
Tempérament pour accorder ce point;

Et supposé que quant à la matiére
J'eusse failli, du moins pourrois-je pas
Le réparer par la forme en tous cas ?
Voyons ceci. Vous sçaurez que n'aguere
Dans la Touraine un jeune Bachelier
(Interprétez ce mot à votre guise :
L'usage en fut autrefois familier
Pour dire ceux qui n'ont la barbe grise ;
Ores ce sont supôts de Sainte Eglise)
Le nôtre soit sans plus un jouvenceau,
Qui dans les prez, sur le bord d'un ruisseau,
Vous cajeoloit la jeune Bachelette,
Aux blanches dents, aux pieds nûs, au corps gent ;
Pendant qu'Io portant une clochette
Aux environs alloit l'herbe mangeant.
Notre galant vous lorgne une fillette
De celles-là que je viens d'exprimer.
Le malheur fut qu'elle étoit trop jeunette,
Et d'âge encore incapable d'aimer.
Non qu'à treize ans on y soit inhabile ;
Même les loix ont avancé ce tems :
Les loix songeoient aux personnes de ville ;
Bien que l'amour semble né pour les champs.
Le Bachelier déploya sa science.
Ce fut en vain : le peu d'expérience,
L'humeur farouche, ou bien l'aversion,
Ou tous les trois, firent que la Bergere,
Pour qui l'amour étoit langue étrangere,
Répondit mal à tant de passion.
Que fit l'Amant ? Croyant tout artifice

Libre en amours, ſur le coi de la nuit
Le compagnon détourne une geniſſe
De ce bétail par la fille conduit.
Le demeurant non compté par la belle
(Jeuneſſe n'a les ſoins qui ſont requis)
Prit auſſi-tôt le chemin du logis.
Sa mere étant moins oublieuſe qu'elle,
Vit qu'il manquoit une piéce au troupeau:
Dieu ſçait la vie; elle tance Iſabeau,
Vous la renvoye; & la jeune pucelle
S'en va pleurant, & demande aux Echos;
Si pas un d'eux ne ſçait nulle nouvelle
De celle-là, dont le drôle à propos
Avoit d'abord étoupé la clochette;
Puis il la prit, puis la faiſant ſonner,
Il ſe fit ſuivre, & tant que la fillette
Au fond du bois ſe laiſſa détourner.
Jugez, lecteur, qu'elle fut ſa ſurpriſe
Quand elle ouït la voix de ſon Amant.
Belle, dit-il, toute choſe eſt permiſe
Pour ſe tirer de l'amoureux tourment.
A ce diſcours la fille toute en tranſe
Remplit de cris ces lieux peu fréquentés.
Nul n'accourut. O belles, évitez
Le fond des bois, & leur vaſte ſilence.

LE GLOUTON.

Conte tiré d'Athenée.

A Son ſouper un glouton
Commande que l'on apprête
Pour lui ſeul un Eſturgeon.
Sans en laiſſer que la tête,
Il ſoupe : il créve : on y court ;
On lui donne maints cliſteres.
On lui dit, pour faire court,
Qu'il mette ordre à ſes affaires.
Mes amis, dit le goulu,
M'y voilà tout réſolu ;
Et puiſqu'il faut que je meure ;
Sans faire tant de façon,
Qu'on m'aporte tout à l'heure
Le reſte de mon poiſſon.

LES DEUX AMIS.

AXIOCUS avec Alcibiades
Jeunes, bien faits, galants, & vigoureux,
Par bon accord, comme grands camarades,
En même nid furent pondre tous deux.
Qu'arrive-t-il? l'un de ces amoureux
Tant bien exploite autour de la Donzelle,
Qu'il en nâquit une fille ſi belle,
Qu'ils s'en vantoient tous deux également;
Le tems venu que cet objet charmant,
Put pratiquer les leçons de ſa mere,
Chacun des deux en voulut être Amant;
Plus n'en voulut l'un ni l'autre être pere.
Frere, dit l'un, ah! vous ne ſçauriez faire
Que cet enfant ne ſoit vous tout craché;
Parbieu, dit l'autre, il eſt à vous compere;
Je prends ſur moi le hazard du peché.

LE JUGE DE MESLE.

Deux Avocats, qui ne s'accordoient point,
Rendoient perplex un Juge de Province,
Si ne put onc découvrir le vrai point,
Tant lui sembloit que fût obscur & mince.
Deux pailles prend d'inégale grandeur,
Du doigt les serre, il avoit bonne pince;
La longue échet sans faute au défendeur,
Dont renvoyé s'en va gai comme un Prince.
La Cour s'en plaint, & le Juge repart:
Ne me blâmez, Messieurs, pour cet égard:
De nouveauté dans mon fait il n'est maille.
Maint d'entre vous souvent juge au hazard,
Sans que pour ce tire à la courte-paille.

ALIX MALADE.

ALIX malade, & se sentant presser,
Quelqu'un lui dit : il se faut confesser ;
Voulez-vous pas mettre en repos votre ame ?
Oüi je le veux, lui répondit la Dame ;
Qu'à Pere André l'on aille de ce pas,
Car il entend d'ordinaire mon cas.
Un Messager y court en diligence,
Sonne au Couvent de toute sa puissance.
Qui venez-vous demander, lui dit-on ?
C'est Pere André, celui qui d'ordinaire
Entend Alix dans sa confession.
Vous demandez, reprit alors un Frere,
Le Pere André, le Confesseur d'Alix ?
Il est bien loin : Hélas le pauvre Pere
Depuis dix ans confesse en Paradis.

LE BAISER RENDU.

GUILLOT passoit avec sa mariée;
Un Gentilhomme à son gré la trouvant;
Qui t'a, dit-il, donné telle Epousée?
Que je la baise à la charge d'autant.
Bien volontiers, dit Guillot à l'instant;
Elle est, Monsieur, fort à votre service.
Le Monsieur donc fait alors son office,
En appuyant: Perronnelle en rougit.
Huit jours après ce Gentilhomme prit
Femme à son tour: à Guillot il permit
Même faveur. Guillot tout plein de zele,
Puisque Monsieur, dit-il, est si fidele,
J'ai grand regret, & je suis bien faché
Qu'ayant baisé seulement Perronnelle,
Il n'ait encore avec elle couché.

SOEUR JEANNE.

SOEUR Jeanne ayant fait un poupon,
Jeûnoit, vivoit en ſainte fille,
Toujours étoit en oraiſon,
Et toujours ſes Sœurs à la grille.
Un jour donc l'Abbeſſe leur dit :
Vivez comme Sœur Jeanne vit,
Fuyez le monde & ſa ſequelle ;
Toutes reprirent à l'inſtant :
Nous ſerons auſſi ſages qu'elle,
Quand nous en aurons fait autant.

IMITATION D'ANACREON.

O Toi qui peins d'une façon galante,
Maître paſſé dans Cythere & Paphos ;
Fais un effort : peins-nous Iris abſente.
Tu n'as point vû cette beauté charmante,
Me diras-tu ; tant mieux pour ton repos :
Je m'en vais donc t'inſtruire en peu de mots.
Premierement, mets des Lys & des Roſes,
Après cela des Amours & des Ris,
Mais à quoi bon le détail de ces choſes ?
D'une Venus tu peux faire une Iris,
Nul ne ſçauroit découvrir le myſtere.
Traits ſi pareils jamais ne ſe ſont vûs,
Et tu pourras à Paphos & Cythere
De cette Iris refaire une Venus.

AUTRE IMITATION D'ANACREON.

J'ETOIS couché mollement,
Et contre mon ordinaire,
Je dormois tranquillement;
Quand un enfant s'en vint faire
A ma porte quelque bruit;
Il pleuvoit fort cette nuit;
Le vent, le froid, & l'orage
Contre l'enfant faisoient rage:
Ouvrez, dit-il, je suis nû.
Moi charitable & bon homme
J'ouvre au pauvre morfondu;
Et m'enquiers comme il se nomme,
Je te le dirai tantôt,
Repartit-il; car il faut
Qu'auparavant je m'essuye.
J'allume aussi-tôt du feu.

Il regarde ſi la pluye
N'a point gâté quelque peu
Un arc, don je me méfie.
Je m'approche toutefois,
Et de l'enfant prens les doigts,
Les réchauffe, & dans moi-même
Je dis : Pourquoi craindre tant ?
Que peut-il ? c'eſt un enfant :
Ma coüardiſe eſt extrême
D'avoir eu le moindre effroi :
Que ſeroit-ce ſi chez moi
J'avois reçû Poliphême ?
L'enfant, d'un air enjoüé,
Ayant un peu ſecoüé
Les piéces de ſon armure,
Et ſa blonde chevelure,
Prend un trait, un trait vainqueur,
Qu'il me lance au fond du cœur.
Voilà, dit-il, pour ta peine ;
Souviens-toi bien de Climene,
Et de l'Amour ; c'eſt mon nom.
Ah ! je vous connois, lui dis-je,
Ingrat & cruel garçon :
Faut-il que qui vous oblige
Soit traité de la façon ?
Amour fit une gambade ;
Et le petit ſcelerat
Me dit, pauvre camarade,
Mon arc eſt en bon état,
Mais ton cœur eſt bien malade.

DISSERTATION

DISSERTATION SUR LA JOCONDE.

A Monsieur B***.

Par M. BOILEAU DESPREAUX.

MONSIEUR,

Votre gageure est sans doute fort plaisante, & j'ai ri de tout mon cœur de la bonne foi avec laquelle votre Ami soûtint une opinion aussi peu raisonnable que la sienne ; mais cela ne m'a point du tout surpris ; ce n'est pas d'aujourd'hui que les plus méchans Ouvrages ont trouvé de sinceres protecteurs, & que des opiniâtres ont entrepris de combattre la raison à force ouverte. Et pour ne vous point citer ici d'exemples du commun, il n'est pas que vous n'ayez oüi parler du goût bisarre de cet Empereur, qui préfera les écrits d'un je ne sçai quel Poëte aux Ouvrages d'Homere, & qui ne vouloit pas que tous les hommes ensemble pendant près de vingt siecles eussent eu le sens commun. Le sentiment de votre

Ami a quelque chose d'aussi monstrueux. Et certainement quand je songe à la chaleur avec laquelle il va le Livre à la main défendre la Joconde de Mr. Boüillon, il me semble voir Marfise dans l'Arioste (puis qu'Arioste y a) qui veut faire confesser à tous les Chevaliers errans que cette Vieille qu'elle a en croupe est un chef-d'œuvre de beauté. Quoiqu'il en soit, s'il n'y prend garde, son opiniâtreté lui coûtera un peu cher; & quelque mauvais passe-tems qu'il y ait pour lui à perdre cent pistoles, je le plains encore plus de la perte qu'il va faire de sa réputation dans l'esprit des habiles gens.

Il a raison de dire qu'il n'y a point de comparaison entre les deux Ouvrages dont vous êtes en dispute; puisqu'il n'y a point de comparaison entre un Conte plaisant, & une narration froide; entre une invention fleurie & enjoüée, & une traduction séche & triste. Voilà en effet la proportion qui est entre ces deux Ouvrages. Monsieur de la Fontaine a pris à la vérité son sujet d'Arioste; mais en même-tems il s'est rendu maître de sa matiére: ce n'est point une copie qu'il ait tirée un trait après l'autre sur l'original: c'est un original qu'il a formé sur l'idée qu'Arioste lui a fournie. C'est ainsi que Virgile a imité Homere; Terence, Menandre; & le Tasse, Virgile; Au contraire, on peut dire de Mr. B..... que c'est un Valet timide qui n'oseroit faire un pas sans le congé de son Maître, & qui ne le quitte jamais que quand il ne peut plus le suivre: c'est un Traducteur maigre & décharné; les plus belles fleurs qu'Arioste lui fournit deviennent séches entre ses mains, & à tous momens quittant le François pour s'attacher à l'Italien, il n'est ni Italien ni François.

Voilà à mon avis ce qu'on doit penser de ces deux Piéces. Mais je passe plus avant, & je soûtiens que non seulement la Nouvelle de Monsieur de la Fontaine est infiniment meilleure que celle de ce Monsieur, mais qu'elle est même plus agréablement contée que celle d'Arioste. C'est beaucoup dire sans doute, & je vois bien que par-là je vais m'attirer sur les bras tous les amateurs de ce Poëte. C'est pourquoi vous trouverez bon que je n'avance pas cette opinion, sans l'appuyer de quelques raisons.

Premierement donc, je ne vois pas par quelle licence Poëtique Arioste a pu dans un Poëme héroïque & sérieux, mêler une fable & un conte de vieille, pour ainsi dire, aussi burlesque qu'est l'Histoire de Joconde. *Je sçai bien*, dit un Poëte, grand Critique, *qu'il y a beaucoup de choses permises aux Poëtes & aux Peintres, qu'ils peuvent quelquefois donner carriere à leur imagination; & qu'il ne faut pas toujours les resserrer dans les bornes de la raison étroite & rigoureuse; bien loin de leur vouloir ravir ce privilege, je le leur accorde pour eux, & je le demande pour moi. Ce n'est pas à dire toutefois qu'il leur soit permis pour cela de confondre toutes choses, de renfermer dans un même corps mille especes différentes, aussi confuses que les rêveries d'un malade, de mêler ensemble des choses incompatibles, d'accoupler les oiseaux avec les serpens, les tigres avec les agneaux.*

Comme vous voyez, Monſieur, ce Poëte avoit fait le Procès à Arioſte plus de mille ans avant qu'Arioſte eût écrit. En effet, ce corps compoſé de mille eſpeces différentes, n'eſt-ce pas proprement l'Image du Poëme de Roland le furieux ! Qu'y-a-t-il de plus grave & de plus héroïque que certains endroits de ce Poëme? Qu'y-a-t-il de plus bas & de plus bouffon que d'autres? & ſans chercher ſi loin, peut-on rien voir de moins ſérieux que l'Hiſtoire de Joconde & d'Aſtolfe? Les avantures de Buſcon & de Lazarille, ont-elles quelque choſe de plus extravagant? Sans mentir, une telle baſſeſſe eſt bien éloignée du goût de l'antiquité; & qu'auroit-on dit de Virgile, bon Dieu! ſi à la deſcente d'Enée dans l'Italie, il lui avoit fait conter par un Hôtelier l'Hiſtoire de Peau d'Aſne, ou les contes de ma Mere l'Oye; car l'Hiſtoire de Joconde n'eſt genre d'un autre rang. Que ſi Homere a été blâmé dans ſon Odyſſée (qui eſt pourtant un Ouvrage tout comique, comme l'a remarqué Arioſte) ſi, dis-je, il a été repris par de fort habiles Critiques, pour avoir mêlé dans cet Ouvrage l'Hiſtoire des Compagnons d'Ulyſſe changés en pourceaux, comme étant indigne de la majeſté de ſon ſujet, que diroient ces Critiques, s'ils voyoient celle de Joconde dans un Poëme Héroïque? N'auroient-ils pas raiſon de s'écrier, que ſi cela eſt reçu, le bon ſens ne doit plus avoir de juriſdiction ſur les Ouvrages d'eſprit, & qu'il ne faut plus parler d'art n'y de regles? Ainſi, Monſieur quelque bonne que ſoit d'ailleurs la Joconde de l'Arioſte, il faut tomber d'accord qu'elle n'eſt pas en ſon lieu.

Mais examinons un peu cette Hiſtoire en elle-même. Sans mentir j'ai de la peine à ſouffrir le ſérieux avec lequel Arioſte écrit un conte ſi bouffon. Vous diriez que non-ſeulement, c'eſt une Hiſtoire très-véritable, mais que c'eſt une choſe très-noble & très-héroïque qu'il va raconter : Et certes s'il vouloit décrire les exploits d'un Alexandre, ou d'un Charlemagne, il ne débuteroit pas plus gravement.

Aſtolfo Re dé Longobardi, quello
A cui laſciò il fratel monaco il regno ;
Fù ne la giovanezza ſua ſi bello,
Che mai poch' altri giunſero à quel ſegno.
N'havria à fatica un tal ſaito à pennello
Apelle, Zeuſi, ò ſe v'è alcun più degno :

Le bon Meſſer Ludovico ne ſe ſouvenoit pas, ou plûtôt ne ſe ſoucioit pas du précepte de ſon Horace.

Verſibus exponi tragicis res comica non vult.

Cependant il eſt certain que ce précepte eſt fondé ſur la pure raiſon, & que comme il n'y a rien de plus froid que de conter une choſe grande en ſtile bas, auſſi n'y a-t-il rien de plus ridicule, que de raconter une Hiſtoire comique & abſurde en termes graves & ſérieux ; à moins que ce ſérieux ne ſoit affecté tout exprès, pour rendre la choſe encore plus burleſque. Le ſecret donc, en contant une choſe abſurde, eſt de s'énoncer d'une telle maniere que vous faſſiez concevoir au Lecteur, que vous ne croyez pas vous-même la choſe que vous lui contez. Car alors il aide lui-même à ſe décevoir, & ne ſonge qu'à rire de la plaiſanterie agréable d'un Auteur, qui ſe joue & ne lui parle pas tout de bon. Et cela eſt ſi véritable, qu'on dit même aſſez ſouvent des choſes qui choquent directement la raiſon, & qui ne laiſſent pas néanmoins de paſſer, à cauſe qu'elles excitent à rire. Telle eſt cette hyperbole d'un ancien Poëte Comique, pour ſe mocquer d'un homme qui avoit une terre de fort petite étenduë; *Il poſſédoit*, dit ce Poëte, *une terre à la Campagne qui n'étoit pas plus grande qu'une Epître de Lacédémonien.* Y a-t-il rien, ajoûte un ancien Rheteur, de plus abſurde que cette penſée? Cependant elle ne laiſſe pas de paſſer pour vrai-ſemblable, parce qu'elle touche la paſſion, je veux dire qu'elle excite à rire. Et n'eſt-ce pas en effet ce qui a rendu ſi agréables certaines Lettres de Voiture, comme celles du Brochet & de la Berne, dont l'invention eſt abſurde d'elle-même, mais dont il a caché les abſurdités par l'enjoûment de ſa narration, & par la maniere plaiſante dont il dit toutes choſes? C'eſt ce que Monſieur de la Fontaine a obſervé dans ſa Nouvelle; il a crû que dans un conte, comme celui de Joconde, il ne faloit pas badiner ſérieuſement. Il raporte à la vérité des avantures extravagantes, mais il les donne pour telles; par-tout il rit & il jouë, & ſi le Lecteur lui veut faire un procès ſur le peu de vraiſemblance qu'il y a aux choſes qu'il raconte, il ne va pas comme Arioſte les apuyer par des raiſons forcées, & plus abſurdes encore que la choſe même ; mais il s'en ſauve en riant, & en ſe joüant du Lecteur, qui eſt la route qu'on doit tenir en ces rencontres.

Ridiculum acri
Fortius & melius magnas plerumque ſecat res.

Ainſi lorſque Joconde, par exemple, trouve ſa femme couchée entre les bras d'un valet, il n'y a pas d'apparence que dans la fureur il n'éclate contre elle, ou du moins contre ce valet. Comment eſt-ce donc qu'Arioſte ſauve cela ? Il dit que la violence de l'amour ne lui permit pas de faire ce déplaiſir à ſa femme.

Mà, da l'amor che porta, al ſuo diſpetto ;
A l'ingrata moglier, li fù interdetto.

Voilà ſans mentir un Amant bien parfait ; & Celadon ni Silvandre ne ſont jamais parvenus à ce haut degré de perfection. Si je ne me trompe, c'étoit bien plûtôt là une raiſon, non-ſeulement pour obliger Joconde à éclater ; mais c'en étoit aſſez pour lui faire poignarder dans la rage ſa femme, ſon valet & ſoi-même ; puiſqu'il n'y a point de paſſion plus tragique & plus violente que la jalouſie, qui naît d'une extrême amour. Et certainement ſi les hommes les plus ſages & les plus moderés ne ſont pas maîtres d'eux-mêmes, dans la chaleur de cette paſſion, & ne peuvent s'empêcher quelquefois de s'emporter juſqu'à l'excès pour des ſujets fort legers, que devoit faire un jeune homme comme Joconde, dans les premiers accès d'une jalouſie auſſi bien fondée que la ſienne? Etoit-il en état de garder encore des meſures avec une perfide, pour qui il ne pouvoit plus avoir que des ſentimens d'horreur & de mépris? Monſieur de la Fontaine a bien vû l'abſurdité qui s'enſuivoit de-là; il s'eſt donc bien gardé de faire Joconde amoureux d'une amour romaneſque & extravagante: cela ne ſerviroit de rien, & une paſſion comme celle-là n'a point de raport avec le caractere dont Joconde nous eſt dépeint, ni avec ſes avantures amoureuſes. Il l'a donc repréſenté ſeulement comme un homme perſuadé à fonds de la vertu & de l'honnêteté de ſa femme: Ainſi quand il vient à reconnoître l'infidelité de cette femme, il peut fort bien par un ſentiment d'honneur, comme le ſupoſe Monſieur de la Fontaine, n'en rien témoigner, puiſqu'il n'y a rien qui faſſe plus de tort à un homme d'honneur en ces ſortes de rencontres, que l'éclat.

Tous deux dormoient; dans cet abord Joconde
Voulut les envoyer dormir en l'autre monde;
Mais cependant il n'en fit rien,
Et mon avis eſt qu'il fit bien.
Le moindre bruit que l'on peut faire
En telle affaire,

Eſt

Eſt le plus sûr de la moitié:
Soit par prudence, ou par pitié,
Le Romain ne tua perſonne, &c.

Que ſi Arioſte n'a ſuppoſé l'extrême amour de Joconde, que pour fonder la maladie & la maigreur qui lui vint enſuite, cela n'étoit point néceſſaire, puiſque la ſeule penſée d'un affront n'eſt que trop ſuffiſante pour faire tomber malade un homme de cœur. Ajoûtez à toutes ces raiſons, que l'image d'un honnéte homme lâchement trahi par une ingrate qu'il aime, tel que Joconde nous eſt repréſenté dans l'Arioſte, a quelque choſe de tragique, & qui ne vaut rien dans un conte pour rire : au lieu que la peinture d'un mari qui ſe réſout à ſouffrir diſcretement les plaiſirs de ſa femme, comme l'a dépeint Monſieur de la Fontaine, n'a rien que de plaiſant & d'agréable, & c'eſt le ſujet ordinaire de nos Comedies. Arioſte n'a pas mieux réüſſi dans cet autre endroit, où Joconde apprend au Roi l'abandonnement de ſa femme avec le plus laid monſtre de ſa Cour. Il n'eſt pas vrai-ſemblable que le Roi n'en témoigne rien. Que fait donc l'Arioſte pour fonder cela ? Il dit que Joconde avant que de découvrir ce ſecret au Roi, le fit jurer ſur le ſaint Sacrement, ou ſur l'Agnus Dei, ce ſont ces termes, qu'il ne s'en reſſentiroit point. Ne voilà-t-il pas une invention bien agréable ? Et le ſaint Sacrement n'eſt-il pas là bien placé ? Il n'y a que la licence Italienne, qui puiſſe mettre une ſemblable impertinence à couvert, & de pareilles ſottiſes ne ſe ſouffrent point en Latin ni en François. Mais comment eſt-ce qu'Arioſte ſauvera toutes les autres abſurdités qui s'enſuivent de-là ? Où eſt-ce que Joconde trouve ſi vîte une Hoſtie ſacrée, pour faire jurer le Roi ? Et quelle apparence qu'un Roi s'engage ainſi legerement à un ſimple Gentilhomme, par un ſerment ſi exécrable ? Avoüons que Monſieur de la Fontaine s'eſt bien plus ſagement tiré de ce pas, par la plaiſanterie de Joconde, qui propoſe au Roi pour le conſoler de cet accident, l'exemple des Rois & des Ceſars, qui avoient ſouffert un ſemblable malheur avec une conſtance toute héroïque ; & peut-on en ſortir plus agréablement qu'il fait par ces Vers ?

Mais enfin il le prit en homme de courage,
En galant homme, & pour le faire court,
En véritable homme de Cour.

Ce trait ne vaut-il pas mieux lui ſeul que tout le ſérieux de l'Arioſte? Ce n'eſt pas pourtant qu'Arioſte n'ait cherché le plaiſant autant qu'il a pû. Et on peut dire de lui, ce que Quintilien dit de Demoſthene ; *Non diſplicuiſſe illi jocos, ſed non contigiſſe :* qu'il ne fuyoit pas les bons mots, mais qu'il ne les trouvoit pas. Car quelquefois de la plus haute gravité de ſon ſtile, il tombe dans des baſſeſſes à peine dignes du Burleſque. En effet, qu'y-a-t-il de plus ridicule que cette longue généalogie qu'il fait du Reliquaire que Joconde reçut de ſa femme en partant ? cette raillerie contre la Religion n'eſt-elle pas bien en ſon lieu ? Que peut-on voir de plus ſale que cette métaphore ennuyeuſe, priſe de l'exercice des chevaux, de laquelle Aſtolphe & Joconde ſe ſervent pour ſe reprocher l'un à l'autre leur paillardiſe ? Que peut-on imaginer de plus froid que cette équivoque qu'il employe à propos du retour de Joconde à Rome ? On croyoit, dit-il, qu'il étoit allé à Rome, & il étoit allé à Corneto.

Credeano che da lor ſi foſſe tolto
Per gire à Roma, è gito era à Corneto.

Si Monſieur de la Fontaine avoit mis une ſemblable ſottiſe dans toute ſa piéce, trouveroit-il grace auprès de ſes cenſeurs ? Et une impertinence de cette force n'auroit-elle pas été capable de décrier tout ſon Ouvrage, quelques beautés qu'il eût eu d'ailleurs ? mais certes il ne faloit pas apprehender cela de lui. Un homme formé, comme je vois bien qu'il l'eſt, au goût de Terence & de Virgile, ne ſe laiſſe pas emporter à ces extravagances Italiennes, & ne s'écarte pas ainſi de la route du bon ſens. Tout ce qu'il dit eſt ſimple & naturel, & ce que j'eſtime ſur tout en lui, c'eſt une certaine naïveté de langage, que peu de gens connoiſſent, & qui fait pourtant tout l'agrément du diſcours. C'eſt cette naïveté inimitable qui a été tant eſtimée dans les écrits d'Horace & de Terence, à laquelle ils ſe ſont étudiés particulierement, juſqu'à rompre pour cela la meſure de leurs vers, comme a fait Monſieur de la Fontaine en beaucoup d'endroits. En effet, c'eſt ce *molle* & ce *facetum*, qu'Horace attribuë à Virgile, & qu'Apollon ne donne qu'à ſes favoris. En voulez-vous des exemples?

Marié depuis peu, content, je n'en ſçai rien:
Sa femme avoit de la jeuneſſe;
De la beauté, de la délicateſſe;
ne tenoit qu'à lui, qu'il ne s'en trouvât bien.

S'il eût dit ſimplement que Joconde vivoit content avec ſa femme, ſon diſcours auroit été aſſez froid; mais par ce doute où il s'embarraſſe lui-même, & qui ne veut pourtant dire que la même choſe, il enjoüe ſa narration, & occupe agréablement le Lecteur. C'eſt ainſi qu'il faut juger de ces Vers de Virgile dans une de ſes éclogues, à propos de Medée, à qui une fureur d'amour & de jalouſie avoit fait tuer ſes enfans:

Crudelis mater magis, an puer improbus ille?
Improbus ille puer; crudelis tu quoque mater.

Il en eſt de même encore de cette réflexion que fait Monſieur de la Fontaine à propos de la déſolation que fait paroître la femme de Joconde, quand ſon mari eſt prêt à partir.

Vous autres bonnes gens auriez crû que la Dame,
Une heure après eût rendu l'ame;
Moi qui ſçai ce que c'eſt que l'eſprit d'une femme,

Je pourrois vous montrer beaucoup d'endroits de la même force ; mais cela ne ſerviroit de rien pour convaincre votre ami ; ces ſortes de beautés ſont de celles qu'il faut ſentir, & qui ne ſe prouvent point. C'eſt ce je ne ſçai quoi, qui nous charme, & ſans lequel la beauté même n'auroit ni grace, ni beauté ; mais après tout, c'eſt un je ne ſçai quoi, & ſi votre ami eſt aveugle, je ne m'engage pas à lui faire voir clair ; & c'eſt auſſi pourquoi vous me diſpenſerez, s'il vous plaît, de répondre à toutes les vaines objections qu'il vous a faites ; ce ſeroit combattre des fantômes qui s'évanouiſſent d'eux-mêmes, & je n'ai pas entrepris de diſſiper toutes les chimeres qu'il eſt d'humeur à ſe former dans l'eſprit.

Mais il y a deux difficultés, dites-vous, qui vous ont été propoſées par un fort galant homme, & qui ſont capables de vous embaraſſer. La premiere regarde l'endroit, où ce Valet d'hôtellerie trouve moyen de coucher avec la commune Maîtreſſe d'Aſtolphe & de Joconde, au milieu de ces deux Galants ; cette avanture, dit-on, paroît mieux fondée dans l'original, parce qu'elle ſe paſſe dans une hôtellerie où Aſtolphe & Joconde viennent d'arriver fraîchement, & d'où ils doivent partir le lendemain, qui eſt une raiſon ſuffiſante pour obliger ce valet à ne point perdre de tems, & à tenter ce moyen, quelque dangereux qu'il puiſſe être, pour joüir de ſa Maîtreſſe ; parce que s'il laiſſe échaper cette occaſion, il ne pourra plus la recouvrer : au lieu que dans la Nouvelle de Mr. de la Fontaine, tout ce myſtere arrive chez un Hôte où Aſtolphe & Joconde font un aſſez long ſéjour ; ainſi ce valet logeant avec celle qu'il aime, & étant avec elle tous les jours, vrai-ſemblablement il pouvoit trouver d'autres voyes plus sûres pour coucher avec elle, que celle dont il ſe ſert. A cela je répons, que ſi ce valet a recours à celle-ci, c'eſt qu'il n'en peut imaginer de meilleure, & qu'un gros brutal, tel qu'il nous eſt repreſenté par Mr. de la Fontaine, & tel qu'il devoit être en effet, pour faire une entrepriſe comme celle-là, eſt fort capable de hazarder tout pour ſe ſatisfaire, & n'a pas toute la prudence que pourroit avoir un honnête homme. Il y auroit quelque choſe à dire, ſi Mr. de la Fontaine nous l'avoit repréſenté comme un amoureux de Roman, tel qu'il eſt dépeint dans Arioſte, qui n'a pas pris garde que ces paroles de tendreſſe & de paſſion qu'il lui met dans la bouche, ſont fort bonnes pour un Tircis, mais ne conviennent pas trop bien à un Muletier. Je ſoutiens en ſecond lieu que la même raiſon, qui dans Arioſte empêche tout un jour ce valet & cette fille de pouvoir executer leur volonté, cette même raiſon, dis-je, a pu ſubſiſter pluſieurs jours, & qu'ainſi étant continuellement obſervés l'un & l'autre par les gens d'Aſtolphe & de Joconde, & par les autres valets de l'hôtellerie ; il n'eſt pas en leur pouvoir d'accomplir leur deſſein, ſi ce n'eſt la nuit. Pourquoi donc, me direz-vous, Mr. de la Fontaine n'a-t-il point exprimé cela? Je ſoûtiens qu'il n'étoit point obligé de le faire: parce que cela ſe ſuppoſe aiſément de ſoi-même, &

que tout l'artifice de la narration consiste à ne marquer que les circonstances qui sont absolument nécessaires. Ainsi, par exemple, quand je dis qu'un tel est de retour de Rome, je n'ai que faire de dire qu'il y étoit allé, puisque cela s'ensuit de là nécessairement. De même, lorsque dans la Nouvelle de Mr. de la Fontaine, la fille dit au valet qu'elle ne lui peut pas accorder sa demande, parce que si elle le faisoit, elle perdroit infailliblement l'anneau qu'Astolphe & Joconde lui avoient promis; il s'ensuit de-là infailliblement qu'elle ne lui pouvoit accorder cette demande sans être découverte: autrement l'anneau n'auroit couru aucun risque. Qu'étoit-il donc besoin que Mr. de la Fontaine allât perdre en paroles inutiles le temps qui est si cher dans une narration? On me dira peut-être que Mr. de la Fontaine après tout n'avoit que faire de changer ici l'Arioste: mais qui ne voit au contraire que par là il a évité une absurdité manifeste, c'est à sçavoir ce marché qu'Astolphe & Joconde font avec leur hôte, par lequel ce Pere vend sa fille à beaux deniers comptans? En effet ce marché n'a-t-il pas quelque chose de choquant, ou plûtôt d'horrible? Ajoûtez que dans la Nouvelle de Mr. de la Fontaine Astolphe & Joconde sont trompés bien plus plaisamment, parce qu'ils regardent tous deux cette fille, qu'ils ont abusée, comme une jeune innocente, à qui ils ont donné, comme il dit,

La premiere leçon du plaisir amoureux.

Au lieu que dans l'Arioste c'est une infame qui va

courir le païs avec eux, & qu'ils ne ſçauroient regarder que comme une garce publique.

Je viens à la ſeconde objection. Il n'eſt pas vraiſemblable, vous a-t-on dit, que quand Aſtolphe & Joconde prennent réſolution de courir enſemble le païs, le Roi dans la douleur où il eſt, ſoit le premier qui s'aviſe d'en faire la propoſition, & il ſemble qu'Arioſte ait mieux réüſſi de la faire faire par Joconde. Je dis que c'eſt tout le contraire, & qu'il n'y a point d'apparence qu'un ſimple Gentilhomme faſſe à un Roi une propoſition ſi étrange que celle d'abandonner ſon Royaume, & d'aller expoſer ſa perſonne en des païs éloignés, puiſque même la ſeule penſée en eſt coupable : au lieu qu'il peut fort bien tomber dans l'eſprit d'un Roi, qui ſe voit ſenſiblement outragé en ſon honneur, & qui ne ſçauroit plus voir ſa femme qu'avec chagrin, d'abandonner ſa Cour pour quelque temps, afin de s'ôter de devant les yeux un objet qui ne lui peut cauſer que de l'ennui.

Si je ne me trompe, Monſieur, voilà vos doutes aſſez bien réſolus ; ce n'eſt pas pourtant que de là je veüille inférer que Mr. de la Fontaine ait ſauvé toutes les abſurdités qui ſont dans l'hiſtoire de Joconde : il y auroit eu de l'abſurdité à lui-même d'y penſer ; ce ſeroit vouloir extravaguer ſagement, puiſqu'en effet toute cette Hiſtoire n'eſt autre choſe qu'une extravagance aſſez ingénieuſe, continuée depuis un bout juſqu'à l'autre. Ce que j'en dis n'eſt ſeulement que pour vous faire voir qu'aux endroits où

il

Il s'eſt écarté de l'Arioſte, bien loin d'avoir fait de nouvelles fautes, il a rectifié celles de cet Auteur. Après tout néanmoins il faut avoüer, que c'eſt à l'Arioſte qu'il doit ſa principale invention. Ce n'eſt pas que les choſes qu'il a ajoûtées de lui-même, ne puſſent entrer en parallele avec tout ce qu'il y a de plus ingénieux dans l'hiſtoire de Joconde. Telle eſt l'invention du livre blanc, que nos deux avanturiers emporterent pour mettre les noms de celles qui ne ſeroient pas rebelles à leurs vœux : car cette badinerie me ſemble bien auſſi agréable que tout le reſte du Conte. Il n'en faut pas moins dire de cette plaiſante conteſtation qui s'émut entre Aſtolphe & Joconde, pour le pucelage de leur commune Maîtreſſe, qui n'étoit pourtant que les reſtes d'un valet. Mais, Monſieur, je ne veux point chicanner mal à propos ; donnons ſi vous voulez à l'Arioſte toute la gloire de l'invention : ne lui dénions pas le prix qui lui eſt juſtement dû, pour l'élegance, la netteté, & la brieveté inimitable avec laquelle il dit tant de choſes en ſi peu de mots, ne rabaiſſons point malicieuſement en faveur de notre Nation le plus ingénieux auteur des derniers ſiécles : mais que les graces & les charmes de ſon eſprit ne nous enchantent pas de telle ſorte, qu'ils nous empêchent de voir les fautes de jugement qu'il a faites en pluſieurs endroits ; & quelque harmonie de Vers dont il nous frappe l'oreille, confeſſons que Monſieur de la Fontaine ayant conté plus plaiſamment une choſe très-plaiſante, il a mieux compris l'idée & le caractére de la narration.

Après cela, Monſieur, je ne penſe pas que vous vouluſſiez exiger de moi de vous marquer ici exactement tous les défauts qui ſont dans la piéce de Mr. Boüillon : j'aimerois autant être condamné à faire l'analyſe exacte d'une Chanſon du Pont-neuf par les régles de la Poëtique d'Ariſtote. Jamais ſtile ne fut plus vicieux que le ſien, & jamais ſtile ne fut plus éloigné de celui de Monſieur de la Fontaine. Ce n'eſt pas, Monſieur, que je veüille faire paſſer ici l'ouvrage de Monſieur de la Fontaine pour un ouvrage ſans défauts ; je le tiens aſſez galant homme pour tomber d'accord lui-même des négligences qui s'y peuvent rencontrer : & où ne s'en rencontre-t-il point ? il ſuffit pour moi que le bon y paſſe infiniment le mauvais, & c'eſt aſſez pour faire un ouvrage excellent.

Ergo ubi plura nitent in carmine, non ego paucis
Offendar maculis.

Il n'en eſt pas ainſi de Monſieur Boüillon. C'eſt un Auteur ſec & aride ; toutes ſes expreſſions ſont rudes & forcées ; il ne dit jamais rien qui ne puiſſe être mieux dit, & qu'il ne bronche à chaque ligne : ſon ouvrage eſt moins à blâmer pour les fautes qui y ſont, que pour l'eſprit & le génie qui n'y eſt pas. Je ne doute point que vos ſentimens en cela ne ſoient d'accord avec les miens ; mais s'il vous ſemble que j'aille trop avant, je veux bien pour l'amour de vous me faire un effort, & en examiner ſeulement une page.

Aſtolphe Roi de Lombardie,
A qui ſon frere plein de vie
Laiſſa l'Empire glorieux
Pour ſe faire Religieux :
Naquit d'une forme ſi belle,
Que Zeuxis, & le grand Apelle,
De leur docte & fameux pinceau
N'ont jamais rien fait de ſi beau.

Que dites-vous de cette longue Période ? N'eſt-ce pas bien entendre la maniere de conter, qui doit être ſimple & coupée, que de commencer une narration en Vers, par un enchaînement de parties à peine ſuportables dans l'exorde d'une Oraiſon ?

A qui ſon frere *plein de vie.*

Plein de vie eſt une cheville, d'autant plus qu'il n'eſt pas du texte. Mr. Boüillon l'a ajoûté de ſa grace ; car il n'y a point en cela de beauté qui l'y ait contraint.

Laiſſa l'Empire *glorieux.*

Ne ſemble-t-il pas que ſelon Mr. Boüillon il y a un Empire particulier des Glorieux, comme il y a un Empire des Ottomans & des Romains, & qu'il a dit l'Empire *glorieux*, comme un autre diroit l'Empire Ottoman, ou bien il faut tomber d'accord que le mot de *glorieux* en cet endroit-là eſt une cheville, & une cheville groſſiere & ridicule.

Pour ſe faire Religieux.

Cette maniere de parler eſt baſſe, & nullement Poëtique.

Naquit d'une forme ſi belle.

Pourquoi *naquit ?* N'y a-t-il pas des gens qui naiſſent fort beaux, & qui deviennent fort laids dans la ſuite du tems ? & au contraire n'en voit-on pas qui viennent fort laids au monde, & que l'âge enſuite embellit ?

Que Zeuxis & *le grand* Apelle.

On peut bien dire qu'Apelle étoit un grand Peintre ; mais qui a jamais dit *le grand* Apelle ? cet épithete de *grand* tout ſimple ne ſe donne jamais qu'à des Conquérans & à nos Saints. On peut bien appeller Ciceron un *grand Orateur ;* mais il ſeroit ridicule de dire le *grand Ciceron ;* & cela auroit quelque choſe d'enflé & de puérile. Mais qu'a fait ici le pauvre *Zeuxis* pour demeurer ſans épithete, tandis qu'Apelle eſt *le grand* Apelle? Sans mentir il eſt bien malheureux que la meſure du Vers ne l'ait pas permis, car il auroit été du moins le brave Zeuxis.

De leur docte & fameux pinceau,
N'ont jamais rien fait de ſi beau.

Il a voulu exprimer ici la penſée de l'Arioſte, que quand Zeuxis & Apelle auroient épuiſé tous leurs efforts pour peindre une beauté doüée de toutes les perfections; cette beauté n'auroit pas égalé celle d'Astolphe. Mais qu'il y a mal réussi, & que cette façon de parler est grossiere! *n'ont jamais rien fait de si beau, de leur pinceau.*

Mais si sa grace *sans pareille.*

Sans pareille est là une cheville ; & le Poëte n'a pas pû dire cela d'Astolphe, puisqu'il déclare dans la suite qu'il y avoit un homme aussi beau que lui, c'est à sçavoir Joconde.

Etoit *du monde la merveille.*

Cette transposition ne se peut souffrir.

Ni les avantages que *donne*
Le royal éclat de son sang.

Ne direz-vous pas que le sang des Astolphes de Lombardie est ce qui donne ordinairement de l'éclat? Il faloit dire, ni les avantages que lui donnoit le royal éclat de son sang.

Dans les *Italiques* Provinces.

Cette maniere de parler sent le Poëme Epique, où même elle ne seroit pas fort bonne, & ne vaut rien du tout dans un Conte, où les façons de parler doivent être simples & naturelles.

Elevoient *au-dessus des Anges.*

Pour parler François, il falloit dire, élevoient au-dessus de ceux des Anges.

> Au prix des charmes *de ſon corps.*

De ſon corps, eſt dit baſſement & pour rimer : il falloit dire, *de ſa beauté.*

> Si jamais il avoit vu *naître.*

Naître eſt maintenant auſſi peu néceſſaire qu'il l'étoit tantôt.

> *Rien qui fût comparable à lui.*

Ne voilà-t-il pas un joli Vers ?

> Sire, je crois que le Soleil
> N'a jamais rien fait de pareil,
> Si ce n'eſt mon frere Joconde,
> Qui n'a point de pareil au monde.

Le pauvre Boüillon s'eſt terriblement embaraſſé dans ces termes de *pareil*, & de *ſans pareille :* il a dit là-bas que la beauté d'Aſtolphe n'a point de *pareille ;* ici il dit que c'eſt la beauté de Joconde qui eſt ſans *pareille :* de-là il conclut que la beauté ſans *pareille* du Roi n'a de pareille que la beauté ſans *pareille* de Joconde. Mais, ſauf l'honneur de l'Arioſte que Monſieur Boüillon a ſuivi en cet endroit, je trouve ce compliment fort impertinent ; puiſqu'il n'eſt pas vraiſemblable qu'un Courtiſan aille de but en blanc dire à un Roi qui ſe pique d'être le plus bel homme de ſon ſiécle : J'ai un frere plus beau que vous. Mr. de la Fontaine a bien fait d'éviter cela, & de dire ſimplement que ce Courtiſan prit cette occaſion de louer la beauté de ſon frere, ſans l'élever néanmoins au-deſſus de celle du Roi. Comme vous voyez, Monſieur, il n'y a pas un Vers où il n'y ait quelque choſe à reprendre, & que Quintilien n'envoyât rebattre ſur l'enclume. Mais en voilà aſſez, & quelque réſolution que j'aye priſe d'examiner la page entiére, vous trouverez bon que je me faſſe grace à moi-même, & que je ne paſſe pas plus avant. Et que ſeroit-ce, bon Dieu! ſi j'allois rechercher toutes les impertinences de cet Ouvrage, les mauvaiſes façons de parler, les rudeſſes, les incongruités, les choſes froides & platement dites qui s'y rencontrent par-tout? Que dirons-nous de *ces murailles dont les ouvertures bâillent? De ces erremens qu'Aſtolphe & Joconde ſuivent dans les Pays Flamans?* Suivre des erremens, juſte Ciel! quelle Langue eſt-ce là? Sans mentir, je ſuis honteux pour Mr. de la Fontaine de voir qu'il ait pû être mis en paralléle avec un tel Auteur; mais je ſuis encore plus honteux pour votre Ami: je le trouve bien hardi, ſans doute, d'oſer ainſi hazarder cent piſtoles ſur la foi de ſon jugement; s'il n'a point de meilleure caution, & qu'il faſſe ſouvent de ſemblables gagûres, il eſt au hazard de ſe ruiner. Voilà, Monſieur, la maniére d'agir ordinairement des Demi-Critiques; de ces gens, dis-je, qui, ſous ombre d'un ſens commun, tourné pourtant à leur mode, prétendent avoir droit de juger ſouverainement de toutes choſes; corrigent, diſpoſent, réforment, louent, approuvent, condamnent tout au hazard. J'ai peur que votre Ami ne ſoit un peu de ce nombre : je lui pardonne cette haute eſtime qu'il fait de la Piéce de Mr. Boüillon, je lui pardonne même d'avoir chargé ſa mémoire de toutes les ſotiſes de cet Ouvrage ; mais je ne lui pardonne pas la confiance avec laquelle il ſe perſuade que tout le monde confirmera ſon ſentiment. Penſe-t-il donc que trois des plus galans hommes de France aillent de gayeté de cœur ſe perdre d'eſtime dans l'eſprit des habiles gens, pour lui faire gagner cent piſtoles? Et depuis Midas, d'impertinente mémoire, s'eſt-il trouvé perſonne qui ait rendu un jugement ſi abſurde que celui qu'il attend d'eux ? Mais, Monſieur, il me ſemble qu'il y a aſſez long-tems que je vous entretiens, & ma Lettre pourroit à la fin paſſer pour une Diſſertation préméditée. Que voulez-vous ? C'eſt que votre gagûre me tient au cœur, & j'ai été bien-aiſe de vous juſtifier à vous-même le droit que vous avez ſur les cent piſtoles de votre Ami. J'eſpere que cela ſervira à vous faire voir avec combien de paſſion je ſuis, &c.

Fin du premier Tome.

TABLE

TABLE

DES *CONTES* CONTENUS

Dans le premier Tome.

TABLE.

Fin de la Table.

www.ingramcontent.com/pod-product-compliance
Ingram Content Group UK Ltd.
Pitfield, Milton Keynes, MK11 3LW, UK
UKHW022011170726
13837UKWH00001B/125